Paysage fer

Éditions Verdier
11220 Lagrasse

Du même auteur

chez le même éditeur

L'Enterrement, récit, 1992.
Temps machine, récit, 1993.
C'était toute une vie, récit, 1995.
Prison, récit, 1997.

aux éditions de Minuit

Sortie d'usine, roman, 1982.
Limite, roman, 1985.
Le Crime de Buzon, roman, 1986.
Décor ciment, roman, 1988.
La Folie Rabelais, essai, 1990.
Calvaire des chiens, roman, 1990.
Un fait divers, roman, 1994.
Parking, 1996.
Impatience, 1998.

aux éditions Gallimard jeunesse
collection « Page blanche »
Dans la ville invisible, roman, 1995.

aux éditions Seuil jeunesse
30, rue de la Poste, 1996.
Autoroute, 1999.

aux éditions Flohic
Dehors est la ville, sur Edward Hopper, 1998.

François Bon

Paysage fer

Verdier

Merci à Jérôme Schlomoff
F. B.

© Éditions Verdier, 2000.
ISBN : 2-86432-316-8

C'est à notre sol silencieux et naïvement immobile que nous rendons ses ruptures, son instabilité, ses failles ; et c'est lui qui s'inquiète à nouveau sous nos pas.
　　　　　MICHEL FOUCAULT

Récurrence et répétition : chaque semaine, même minute, surgissement d'une même image, trop brève pour être retenue. Mais comme cette peau humaine d'un pays, image fréquentée, construite.

À Révigny, la place devant la gare, bistrot avec une enseigne rouge et la route qui s'en va droit, perpendiculaire, entre des maisons. Le train ne s'arrête pas. Se préparer chaque semaine pour noter un détail supplémentaire et pourtant la rue toujours vide, à l'heure où c'est Révigny qu'on traverse (le nom écrit transversalement sur la gare et qu'on voit fuir).

Présence obsédante de l'eau. On suit des fleuves, c'est relayé par des canaux. Il y a ces étangs du dimanche, creusés en arrondi au bulldozer, et tout autour des bancs sans dossier ni ombre. Arbres minces en tuteur, et une cabane en tôle. Un grillage haut avec portail fer forgé qui a dû coûter plus cher que le terrain.

Bâtiments de ciment gris près des gares, voitures garées auprès. On y travaille donc. Des lampes jaunes dans les entrepôts, sur les bureaux de bois, avec au mur des fiches de planning, et à la sortie pour camion, là-bas, celui qu'on aperçoit en blouse fumer une cigarette, sur la blouse le gilet sans manche doublé de laine de mouton qu'on distribue dans les usines.

Immeubles à façade ravalée rénovée selon canons d'époque, adoubant la voie pour dresser sur quatre étages d'identiques fenêtres de chambres, les cages d'escalier verticales et les balcons aux cuisines.

Antenne télévision en rouge et blanc se détache sur ciel pâle, en haut d'une colline où les arbres ont été rasés du sommet pelé. La ceinture des paraboles de réception, six haubans, et au sommet le court cylindre de l'émetteur, une lampe blanche clignote pour prévenir d'improbables avions égarés, un bâtiment bas au pied et les éternels grillages clos.

Stades de foot détrempés et leurs identiques buts blancs, les haies autour qui sont un début de campagne, et la baraque des vestiaires avec l'ouverture en préau pour la buvette, aux sorties de villages ou enchâssés dans les villes parmi les entrepôts (le mot ciment, encore, comme une cicatrice et pourtant).

Jardins ouvriers partout, mais à la sortie de Châlons, qui s'appelle maintenant Châlons-en-Champagne et où les installations SNCF sont toujours écrites, sur les châteaux d'eau et les postes d'aiguillage, Châlons-sur-Marne, jardins ouvriers en ruine : de mêmes parcelles bien délimitées où le grillage a noirci, et la terre imbibée d'eau est du même noir exactement. Il reste les cabanes, des pans de cabanes, des planches effondrées et ce découpage avec les allées maintenant pour rien, comme si le grillage avait pour fonction que personne ne pénètre là plus jamais.

Cimetières, très grands dans les villes évidemment, à Meaux exhibé en long tout au bord du train, aussi géométriques que les silos de céréales à la verticale ou horizontales les découpes d'immeubles aux façades longues. Et tellement plus petits dans les villages gardant quand même hiérarchie, d'un côté les monuments payés cher avec de l'espace autour, et vers le mur du bas les tombes resserrées plus humbles, et lentement (pour celui qu'on aperçoit tout en contrebas, pour celui qui jouxte une usine ou pour celui que longe le canal) de semaine en semaine collecter un à un les noms qui fixent et repèrent, parmi la litanie des villes.

Le nom Commercy, le nom Bar-le-Duc, et à Vitry-le-François indication au haut-parleur (chaque semaine la même phrase) de la possible correspondance pour Saint-Dizier comme ailleurs la possible correspondance pour Chaumont.

Procédé d'expansion. Ne pas noter les minutes, ne pas revenir sur ce qui s'écrit : ajouter chaque semaine au détail de la rue de la gare à Révigny. Accepter que ce texte, qu'on va reprendre tout l'hiver de semaine en semaine, commence de façon arbitraire après l'arrêt d'Épernay, et qu'on y revienne selon la seule persistance rétinienne, la surcharge de ce qui s'accumule, barrières de ciment dentelées partout au même moule, anciens butoirs SNCF sur des voies auxquelles manquent les rails, les flaques d'eau sombre dans les broussailles des parcelles de forêt sans chemin, les indications mystérieuses et géométriques en rouge et blanc pour la circulation des péniches sur ce canal qu'on suit maintenant. La grande maison inhabitée à trois étages et dix-huit fenêtres après Vitry-le-François (à Révigny, justement, quarante secondes environ après la rue déserte perpendiculaire à la gare minuscule). Ailleurs cette découpe sur une colline de dix arbres dans l'hiver, comme peints à l'encre de Chine et se détachant du ciel uniformément gris dans ce qu'on se souvient, et maintenant, à l'instant même, si on lève le regard à travers la fenêtre du train c'est soudain des échancrures violentes dans les nuages et des accumulations presque noires sur l'horizon qu'ici on domine, sur seulement l'étendue moutonnée de champs immensément labourés et personne.

Ne pas relire, accumuler seulement ces notations d'instant, puisque le même train, de jeudi à jeudi, en permettra la répétition, que ne changeront, mais lentement, que le cycle perceptible des saisons et la lumière. Parfois attendre pour sortir le carnet noir d'arriver dans ces villes de vieille densité industrielle, la faïencerie de Vitry-le-François, la brasserie de Champigneulles, l'aciérie de Commercy, la scierie de Bar-le-Duc, la cimenterie de Sorcy et la grande prison (longs murs sombres avec barbelés et miradors, toits de bâtiments alignés) aperçue à Écrouves avant Toul. D'autres fois commencer dès Épernay pour noter juste un détail de la fonderie aux métaux triés en tas pour recyclage, de la maison d'écluse où sèche du linge près du canal vide ou ce qui recommence des maisons maintenant plus serrées, puis les grandes maisons à étage disproportionnées de l'arrivée, l'accumulation de garages et d'artisans, avec le bistrot restaurant Bar de l'Est au coin de la rue et les gosses dans la cour de l'école, même si c'est seulement des choses notées vite, listes de noms, images comme découpées du surgissement réel et qu'on recopiera au retour ou le dimanche qui suit.

Zone commerçante entre canal, route et voies, un garage, un Monsieur Meuble et un magasin de bricolage et un autre sur l'énorme enseigne le seul mot Jardinerie, immanquable aussi le grill standardisé Buffalo Bill avec parking ou le restaurant Côte à Côte. De l'autre côté de la ville (Bar-le-Duc) c'est un Auchan qui pourrait les avaler tous, avec une direction départementale du Crédit Agricole construite en pyramide grise sous verre fumé de château fort moderne. Ici, l'ancienne caserne aux bâtiments réguliers et murs à tessons revendue telle quelle aux assurances AXA, avant la maison rose à vendre près de l'hôtel à balconnade, les panneaux pour les grandes routes et les indications locales (sept panneaux, plus le nom de la rue, illisible d'ici, sur pancarte carrée en bout du passage piéton), le tout surmonté d'un immeuble jaune de cinq étages à cheminées de brique, et le ciel à Bar-le-Duc pas moins indifférent qu'ailleurs à nos affaires ici-bas.

Ne pas se contraindre à l'ordre. On a fait trente fois déjà ce voyage aux mêmes heures du jeudi, on reconnaît tout à mesure que cela se présente, sur la très grande plaine plate d'Épernay, cet ancien passage à niveau à l'architecture réglementaire et étroite de la maison sans voisins à moins de cinq kilomètres, juste une minuscule route de campagne qui s'en vient couper droit la voie ferrée, maintenant une barrière automatique et dans cette maison chaque fois une lessive au fil qui bat, une carcasse de voiture à l'arrière, et dans un grillage des poules et lapins. C'est pauvre, encombré, on n'en saura jamais que cela.

Canal encore et série de cinq maisons début de

siècle semblables et séparées pourtant, le compte de fenêtres et de portes y est et l'espacement de cinq mètres d'une à l'autre, plus cinq fois l'identique œil-de-bœuf sous toit triangulaire et cinq fois la même pelouse à portail en avant.

Puis : le mur bleu à étroite frise jaune de Varney Industrie, ce qu'il y a de l'autre côté du mur et ce qu'on y fabrique (le bâtiment une centaine de mètres pourtant) on ne saura pas.

Puis : l'usine à papier juste avant Longeville, près Bar-le-Duc, où les stocks de bois sont sous arrosage permanent.

Puis : l'usine bleue, moderne et basse, horizontale, qui fabrique à Toul ces mêmes citernes et silos inoxydables qu'on a vus tout au long de la voie, et dans les champs derrière l'alignement des stocks comme de géants en marche : les grandes bonbonnes verticales brillantes avec leurs appareillages. Cette fois, c'est le nom de l'usine que pas moyen de savoir.

Casses de voitures, trois, en bord de voie, leurs empilements. Celle de Meaux, celle de Bar-le-Duc et celle de Frouard avant Nancy, avec chaque fois un tas plus clair réservé à l'électroménager avant la presse : cubes émaillés blancs en attente. La pelleteuse à grappin ou fourche immobile sur l'allée boueuse, et les bureaux plats aux lampes allumées.

Parmi les arbres d'hiver et la brume, sur fond d'eau, hautes fenêtres sans personne, un château noble tandis qu'une ferme plus loin est éclairée et basse.

Et les grandes sablières puisant aux étangs, les trémies dressées jaunes sur le fond gris, les tapis roulants en marche avec leurs supports d'acier, pour se déverser dans la péniche qu'on a vue en premier. Quelquefois, ou bien la semaine suivante, le canal est vide, le tapis roulant arrêté, et pourtant trois camions et deux voitures près du préfabriqué des bureaux.

Sur un parking de bitume, à l'arrière d'un bâtiment opaque (la façade à l'opposé du côté des voies) des empilements géométriques de sacs en nylon blanc. Comme un début de très large pyramide à trois rangs, chaque rang du bas débordant ceux qui le rehaussent. Dedans on ne sait pas, pas d'inscriptions.

À l'entrée des gares, ces quais surélevés qui s'en vont très loin, sur leur remblai de pierre apparente. C'était pour amener les camions à hauteur des wagons, mais il n'y a plus ni camions ni wagons. Il y a la silhouette rigide, aperçue au bord de la ville (Commercy), d'une vieille et labyrinthique caserne, avec les miradors comme des parapluies et le rebord de barbelés sur les murs, dans un dédale de toits qu'on ne saurait traverser, parfois dans la cour le kaki et le vert d'engins hérissés, sur chenilles ou sur roues.

Matériel ferroviaire. Des feux sur un pylône de béton aux encastrures carrées régulières, cinq feux noirs sous visière et l'échelle de métal qui monte à la dunette de ciment avec balustrade en fer à leur hauteur, signaux lumineux qu'il est prévu d'entretenir et changer : c'est prévu, c'est solide.

Après Toul le cimetière vient, le cimetière passe, avec ses stèles obliques, et dans l'enclos d'à côté le marbre brillant, le marbre reconstitué en poussière de granit moulé, plus coin de pelouse verte tout au milieu avec un élargissement de gravillon blanc pour les enterrements. Un jardin, une maison, et dans les quatre murs en trapèze une autre fraction, plus ancienne, stèles verdies, stèles tombées, du vieux cimetière : comment la maison et le jardin ont-ils pu, à quelle époque et par quel tour administratif de passe-passe, s'ériger là, où devaient être aussi des tombes ?

Maisons qui se ressemblent, et de ville en ville sont les mêmes. Elles ont un portail en fer forgé noir ou blanc c'est selon, la pelouse entretenue même maintenant dans l'hiver. Il y a un garage à porte blanche en rideau au bout de la légère élévation, et au-dessus le séjour à porte-fenêtre, la cuisine reconnaissable parce que les rideaux ne sont pas les mêmes qu'aux autres pièces, un peu plus décorés, utilitaires. Souvent, comme c'est le matin, les fenêtres des chambres ouvertes pour aérer sous le toit quadrangulaire. Le mot *décoratif* qui vient, et comme il fait mal à la terre : mais ce n'est pas spécifique à ce pays, ni cette ligne de chemin de fer. Après quel arrêt de rue lentement parallèle à la voie cette agence bancaire surmontée d'un logement de fonction d'architecture sage, pour quelle succession de cadres en début de carrière (agence Société Générale du quartier de la gare à Bar-le-Duc) ?

Puis écluse, sur la puissance indifférente et brutale de la masse brune dans les lignes de béton du guidage des eaux. Comme c'est période de crue, sous l'écluse une forte vague enfle et déferle. Penser à cette vague après le train, quand on ne la voit plus, penser à cette vague dans la nuit, demain au retour, quand même du train éclairé et passant à la même vitesse on ne peut plus rien voir, et que l'eau continue.

L'inscription Conserverie de Liverdun, donc la ville c'est Liverdun. Beauté de l'architecture superposée de l'usine, le volume autour de la cour étroite mangé progressivement par les bâtiments rajoutés, chacun gardant par sa couleur et la taille de ses fenêtres comme l'affichage de la date d'élévation. Puis Liverdun la rue aux vieilles maisons, comme prêtes de s'arracher à la rue haute sur quoi elles donnent, penchant ensemble leurs trois étages et caves sur la rue vide au-dessus de l'usine, et les couleurs entre ocre et vert et les ouvertures plus étroites qu'on ne ferait maintenant. Et Liverdun aussi tel jeudi, la fête foraine qu'on dresse, en contrebas de la ville, le chapiteau mi-baissé encore sur les autos tamponneuses, et le jeudi suivant les manèges plus petits sont déjà démontés.

Gare encore et encombrements de voitures, métal sur bitume cette fois-là sous pluie grise : ils vont donc travailler à la grande ville (Nancy qui approche), les gens, et reviennent le soir, remontent entre phares blancs devant et rouge derrière pour repartir dans les maisons qu'on devine sur la butte. Après la gare, et symétrique de l'usine, juste un collège aux vitres régulières, la cour vide sous les fenêtres de classe encore éclairées malgré le jour. Dans chaque ville on les reconnaît, les établissements scolaires à l'architecture rectangulaire vitrée selon normes.

Le billet de train Paris-Est Nancy porte l'indication : trois cent cinquante-deux kilomètres. Calcul rapide, flux rétinien dix mille milliards de photons par seconde, de huit heures dix-huit à onze heures vingt-deux, et division selon l'analyse de ce flux, vingt-quatre fois par seconde puisque c'est quantifié, et le contraste entre la répétition des images presque fixes, longue plaine ou forêt, canal ou fleuve qu'on longe, le temps arrêté des gares, puis le surgissement à sauver, la profusion saturante d'un détail qu'on ne peut attraper suffisamment vite.

Cette maison à la sortie de Châlons-en-Champagne, enchâssée entre deux autres, dont la cour est pleine d'objets qui chaque fois paraissent un capharnaüm presque magique, et si on regarde mieux c'est seulement, parmi les potiches et les plâtres, une table de jardin et des fauteuils de plastique entre murs jaunes côté maison et gris côté voie, sur sol de terre nue et râpée.

Les noms Maxéville, Malzéville, Saint-Max, et le nom Champigneulles. À Maxéville, banlieue de Nancy, l'indication : Tour panoramique de la Justice.

Sur les autres lignes maintenant à grande vitesse les rails filent droit dans la nature presque vierge, toute communication défaite à coup de béton par tunnels et ponts, un grillage bas de chaque côté et rien, pas de ville ni village quand ici tout cela reste, et les premiers monuments aux morts aperçus et tel mémorial de guerre en haut dans la tache évidée d'une forêt, les trois cent cinquante-deux kilomètres dans deux ans peut-être on les avalera en deux fois moins de temps par le train neuf et rapide, tout cela est provisoire qui pue son siècle et sa guerre et ses usines et son sable et le champ noirci de tournesols il reste ces tiges outrageusement droites derrière le chemin bourbeux et ses flaques et le train a des cahots et encore il cesse et encore les bâtiments de gare sont les mêmes et à Vitry-le-François des immeubles roses qu'on a montés par-dessus la ville et à Révigny comme dans combien de villes la même rue qui s'éloigne à la perpendiculaire de la gare après la place demi-ronde, cela qui est nous, tellement nous.

Et une fois dit cela continuer, la mémoire et les choses, ce qui traverse la vue un instant et s'y implante, et l'aménagement pour le loisir d'un bord du fleuve, avec des barres blanches, et l'usine très moderne comme juste posée sur un champ dénudé avec ses bardeaux bleus, et la grande soute arrière des silos à céréales là où des wagons attendent, puis encore des champs qui sont des étendues qu'on croirait mortes et puis on voit le chemin de bordure et les traces arrondies du tracteur où il tourne. L'arrangement en butte broussailleuse des restes de remembrement, puis à nouveau la forêt sans percée et que recommence l'eau, que revient l'image grise avec église et rues puis pavillons rectangulaires blancs sur sous-sol avec clôtures et pelouse tout cela si vite passé, ville trop petite pour qu'on s'y arrête, villes comme Révigny mais le nom même sauf exception on ne le voit pas, juste ici une route en patte d'oie qui s'en va vers une église et finit sur la voie par le passage en tunnel qu'on avale, les maisons s'espacent et se disséminent puis plus rien, continuer comme on rêverait devant ce rien qui défile et à nouveau produit signes, chemins et haies, une voiture sans roues au coin d'un champ et la découpe régulière d'une ligne haute tension, soi-même front contre la vitre immobile devant la projection d'images, dans leur temps brutal de surgissement et la fuite oblique, la disparition même si rapide, enfuies derrière un rideau d'arbres et le remblai et les maisons et les rues, les jardins comme les garages, et la plaie vive à nouveau d'un supermarché rouge sur blanc, le parking criard c'est les coques en désordre des voitures et la station-service où on les voit attendre, avant la diapositive plus large, qu'on croirait presque soudain immobile, d'un raccordement en bitume neuf et bleu par où les routes de partout absorbent ce qui partout est même.

Les incongruités ou ce qu'on juge tel, la liste exhaustive qu'on en voudrait : tour ronde émergeant bassement de la rivière en son milieu, muette et sans ouverture (trappe métallique rectangulaire toujours close), pour à quoi servir, la cahute fortifiée 14-18 d'un aiguillage, l'hôtel rouge à vendre avec ses moulures baroques, l'élévation noire encore, tout au bout, maintenant qu'on arrive, d'un bâtiment industriel sans toit, maintenant détaché de tout, ou encore ces jardins ouvriers tout en longueur parce qu'accrochés au flanc même de la voie, avec leurs systèmes de tôle ondulée pour maintenir en terrasse d'étroites bandes de terre nue, où seuls quelques tuteurs persistent l'hiver. À Bar-le-Duc dans une patte d'oie entre nationale et voie sur une pyramide blanche pour fêter quoi, de l'arrière d'abord on croit une sirène ou un phoque, il ne se révèle coq qu'en s'éloignant, c'est fait pour les voitures et pas pour le train, objet de quel culte et pourquoi installé là.

Le nom de Liverdun encore et ce qu'on promet pour la semaine suivante d'y voir parce que cette fois-ci c'est passé trop vite, rien d'autre que ce qu'on connaissait déjà, la conserverie aux cours étroites et à la pointe triangulaire, puis la vieille rue comme arrachée de la falaise et aux hautes maisons prêtes à choir.

Et quand reviennent lentement les jours longs, l'impression parfois que tout cela, aussi parce qu'on a appris à le connaître, est plus petit, plus ordinaire, qu'on a eu la chance, cette profusion de voir, de l'organiser à mesure qu'on s'enfonçait dans la saison des nuits longues, qu'on voyait ça au matin dans la brume, aux lampes allumées, dans l'irréalité de ce qui se défait, irréalité qui aurait ainsi un temps contaminé les maisons et les usines, les canaux et même ces cimetières, le grand cimetière allongé sous les immeubles ou ce tout petit dans son mur carré en contrebas entre le village et les voies, enfin à Toul celui où cette maison est venue se construire, séparant en deux parcelles les vieilles stèles pourtant gardant de part et d'autre leurs mêmes alignements.

Un jour on a pris la carte sur les genoux : le Paris-Nancy quitte Paris par Pantin, longe Bobigny, traverse Noisy dit le Sec, passe entre Villemomble et le Raincy en Seine-Saint-Denis puis Chelles et rejoint la Marne à Vaires, gare de triage plus grande qu'une ville et maintenant c'est la Marne qui aspire à elle le train pour deux heures, par Thorigny-sur-Marne et Dampmart, longeant de près la verrue Disneyland (on ne voit rien), par Esbly et Villenoy, et la première grande ville croisée des cinq c'est Meaux, la cathédrale aperçue c'est premier air de province, province aspirée par la capitale et qui s'en défendrait, hérissée de tous ses vieux murs contre l'énorme contamination moderne, on quitte Meaux par Trilport sur l'autre rive et le train épouse comme à s'y pencher chaque courbe de la rivière, traverse la forêt de Montceaux et quand on suit les noms sur la carte déployée les images reviennent en tête comme autant d'éléments mais séparés, comme si rien ne joignait dans la réalité l'enfoncement ici dans les arbres à l'aménagement juste ensuite du fleuve pour les courses d'aviron avec des bordures blanches et des bouées bicolores en face Changis-sur-Marne. Les noms sont Saint-Jean-des-Trumeaux, Ussy-sur-Marne et la Ferté-sous-Jouarre, la gare aperçu presque assez grande pour qu'on s'y arrête. La Marne alors traversée trois fois (cette fois, une seulement, qu'on a surplombé une péniche survivante), à Courtaron puis La Brussette deux fois sous tunnel en laissant Sainte-Aulde, passant Citry puis Payant, à Romery-sur-Marne devant l'usine on est entre la route et la rivière, et Chézy-sur-Marne avant Château-Thierry la grise, la ville dont on ne voit rien que les usines et l'éternel déploiement du triage, les villes qui se hérissent à distance devant la gare et les trains quand elles ont la taille de se le permettre, un château d'eau qui répète le nom de la grise ville à distance.

Rares sont les noms qui viennent jusqu'au train, le pays n'a pas de nom, il n'est plus rien qu'images et affiche partout comme le territoire pourtant total de ce que l'homme entreprend sur la terre à chaque mètre carré qu'il la transforme, c'est la carte seulement qui restitue litanie de noms invisibles. On a tellement ralenti qu'à la reprise de vitesse on colle à la rivière, courbe à droite, courbe à gauche, on a remonté vers le nord-est quand la ligne droite aurait passé à Montmirail à trente kilomètres de là au sud, après Fossoy on passe lentement quelle gare minuscule dans sa plaine on est à Mézy avant Courtemont puis Dormans, Mareuil-le-Port, Port-à-Binson, Troissy-Bourquigny, Courthiézy, Passy, Barzy, Crézancy, Œuilly, La Chaussée et Mardeuil : pour chaque nom des minutes de champs vides et de forêts en broussaille ou combien de kilomètres près de la rivière brune. On est à Épernay, la gare entre ville et rivière, arrêt. On s'en éloigne dans la plaine, suivant pour maintenant la route, les camions en silhouette au-dessus de la tête, l'usine à Olry c'est Saint-Gobain chimie, puis Athis et Jâlons : la gare aperçue de Matougues enfin Châlons devenue « en Champagne » et tant pis pour la Marne qu'on ne verra plus longtemps, l'arrêt plus long qu'à Château-Thierry ou Épernay comme s'il fallait une pause, qu'il y avait une fatigue. À Coolus on laisse l'embranchement de Troyes, la Marne tellement petite c'est pourtant elle et puis dédoublée par un canal, on passe Vésigneul-sur-Marne, Pogny puis Trocy-aux-Bœufs (et tout cela des adresses postales référencées puisque chaque fois on voit des maisons, une église, un terrain de foot et un cimetière, en tout cas leur emplacement probable), Cheppes et Saint-Martin-aux-Champs puis Drouilly et Loisy avant Vitry-le-François, arrêt.

La géographie c'est ce qu'on ne connaît pas parce qu'on n'en a pas fait pour soi-même territoire, les noms ne dessinent rien, pas de directions, pas de lignes ni possessions, ils ne sont pas nôtres encore, quand bien même les choses qu'ils recouvrent, sorties de villes avec enseignes de publicité, garages Citroën à bandeaux rouges et supermarchés ou immeubles, et même ce clocher ou cette ferme, on les connaît d'ailleurs, et ces cuisines étroites qui nous laissent à cause d'une ampoule allumée le temps d'un regard indiscret, c'est ce qu'on connaît de ses propres noms si on en fait la liste, mais où la surprise est morte, parce que cela fera vingt ans ou trente qu'en prenant parfois le train pour Bordeaux, en surplombant le Clain avant Poitiers ce sera à jamais la compétition de kayak qu'on y a faite qu'on regarde encore, et tout est à sa place comme tout à sa place devant la gare vide de Saint-Saviol : et pourquoi ce qui ne nous étonne plus à Saint-Saviol devient si étrange ici ?

En quittant Vitry-le-François on quitte aussi l'eau, ce qui reste de la Marne s'est divisé entre le Fion, la Saux, la Vière et la Chée, l'Orconté et l'Isson qu'on ne reconnaîtra pas du train mais que la carte indique pour cet éventail d'eau qu'on surplombe dans la plaine mouillée, on est au milieu du voyage et ça s'appelle Reims-la-Brûlée, avant Favresse, Domremy puis Scrupt, avant Scrupt la gare aperçue avec l'inscription Blesme-Haussignemont où bien sûr on ne s'arrête pas, le nom de Scrupt et la promesse qu'on se fait d'en dresser aussi l'inventaire, liste des noms de Scrupt, des artisans et commerçants de Scrupt, des activités de Scrupt, le train va droit et très vite comme s'il n'y avait rien ici qui puisse l'intéresser, on a laissé l'embranchement pour Saint-Dizier (l'annonce faite à Vitry-le-François de la correspondance) et on rejoint le canal (de la Marne au Rhin) à Pargny-sur-Saulx au confluent de l'Ornain, l'Ornain qu'on suit, l'Ornain image de rivière avant qu'à Sermaize on traverse le canal pour l'arrivée à Révigny, Révigny-sur-Ornain où des travaux la semaine dernière ont laissé se fixer cette avenue derrière le bistrot rouge partant à la perpendiculaire de la gare, une avenue vide et sans voitures ni personne aux maisons, il y a Neuville-sur-Ornain puis Fains (sur Source) et Mussey (la grande scierie et la forme en insecte au-dessus de l'usine) puis Bussy-la-Côte avant Bar-le-Duc, arrêt.

Parti de Paris gare de l'Est à 8 h 18, le train est à 9 h 25 à Épernay, 9 h 42 à Châlons dite en Champagne (les caravanes gitanes par cinq avec les camions sous les gros arbres des carrefours de campagne quand ce furent les vendanges, reparties maintenant : « T'as mis ta fierté, Gitane / Aux rideaux des caravanes », dans la tête repasse le fragment de chanson dont on vérifie l'image, Cabrel qu'on retient sans jamais apprendre), il est 9 h 58 toutes les semaines à Vitry-le-François qu'on n'aura connu qu'à cette heure, et donc 10 h 27 maintenant à Bar-le-Duc.

La géographie en fait on s'en moque, c'est la répétition qui compte, les images qu'on ne saurait pas, à cette étape-là, remettre dans l'ordre, à peine si chaque fois qu'on les revoit on en arrive maintenant à se dire : cela déjà on l'a vu, cela déjà on le sait, et l'entassement de choses, plastiques et fer, énigmes blanches sous bâche ou bâtiments sans explication affichée dans les travées vides qui les séparent, dans l'arrière étroit de ce pavillon contre voie, comme ailleurs cette pure sculpture de deux voitures identiques accolées par l'arrière, sans moteurs ni portes, au coin bas du champ ou la hiératique maison blanche dans la rue d'en haut, à Toul, habitée quand même.

De Châlons à Vitry-le-François on est descendu en diagonale plein sud-est, de Vitry-le-François à Révigny on est remonté nord nord-est, et de Révigny à Bar-le-Duc on a repris sud-est, maintenant on continue droit vers cet endroit plus blanc dans le ciel qui marque le soleil absent, par Longeville-en-Barrois puis Silmont le minuscule et Guerpont, le canal toujours auprès et l'Ornain bordé de jardins, c'est à Nançoissur-Ornain qu'on quitte l'embranchement qui desservira Ligny puis Chaumont, on remonte plein nord-est, on le sait : le soleil a tourné, on a quitté la direction plein est qu'il nous faudrait, l'est reste un aimant sûr mais à partir de quoi on vous manipule un train comme une allumette, le bâton incliné dans un sens puis dans l'autre d'un coup de doigt avec nous dedans, et tous ces gens qui montent à Châlons pour descendre à Vitry-le-François comme si l'une ne pouvait vivre sans l'autre. Puis une grande plaine et des bois, par Willeroncourt, Ernecourt et Chonville puis Cousances-aux-Bois, qu'on retombe à Vadonville sur un nouveau canal et que l'allumette est d'un nouveau coup de doigt réorientée sud-est presque à angle droit, face à Pont-sur-Meuse et Boncourt qu'on arrive à Commercy, ralentissement dédaigneux du train qui ne s'arrête pas, maintenant en vieux pays d'industrie, après Ville-Issey Sorcy l'aciérie dans son étui impeccable (Tréfileurope) puis Troussey toujours au long du canal, deux tunnels après Pagny-sur-Meuse on arrive à Foug (le dancing) qu'à cause des deux tunnels on reconnaît facilement, après Foug les pans de brique de la fonderie si longue comme un bâtiment rajouté à un autre bâtiment et recommencer même si tout ça tourne le dos au train, un avalement par l'orange sombre, halls ouverts sur le noir et dans la profondeur de l'usine des engins de chantier comme de la refaire toujours, l'usine se prolonge dans les champs par des îlots de ferraille à rouiller et c'est maintenant Écrouves, au lointain on a mis longtemps à s'apercevoir qu'elle était là, la prison, muette et sourde entre miradors quand on se retourne vers l'arrière, puisque tout ce qu'on regarde c'est le mur peint à fresques de la boîte de nuit sous enseigne L'Évasion, Toul arrêt, les repères par répétition se forment.

    Toul-Nancy par la route c'est dix-huit kilomètres, la ligne noire du train sur la carte en dessine à l'échelle trente-cinq au moins pour ne pas arriver trop vite et nous perdre, c'est comme un remerciement qu'on prend comme tel. Maintenant la Moselle on la surplombe, large et lisse dans la forêt, les postes d'aiguillage à deux reprises laissés dans ces vieilles guérites bétonnées en ovale avec la fente pour le guetteur, la cicatrice sur le pays de Fontenoy à Aingeray avant Liverdun. Après Liverdun c'est parce qu'une fois on a regardé la carte qu'on sait que la rivière qu'on suivait dans le sens de son courant à cause de la grande boucle depuis Épinal et Charmes par Neuves-Maisons, on l'a laissée s'enfuir vers le Rhin plus haut, le train retourné encore une fois quasiment par angle droit à Frouard au long maintenant de la Meurthe à contre-courant, Frouard au confluent en face Pompey sur la Moselle et Bouxières-aux-Dames sur la Meurthe c'est déjà sur la carte la tache grise continue de la ville, l'autoroute de Metz qui vous enjambe et les rues mortes de Champigneulles, les maisons qui se lèvent des quartiers de la ville, le bruit enfin du ralentissement un tremblement de toute la longueur de fer du train, à moins qu'ici entre gares et usines au long de la rivière industrielle on ait fait une pointe de vitesse qu'il fallait résorber maintenant qu'on est dans cette tranchée de pierre meulière, que la voix au haut-parleur annonce Nancy trois minutes d'arrêt 11 h 22 et les correspondances pour Épinal et Metz qu'on ne prendra jamais tandis que ce que devient le train en continuant vers Lunéville et Strasbourg comment il y arrive on n'en sait rien on n'est jamais allé plus loin.

Rond carré. L'île, celle-ci est en rond dans le champ carré, mais l'eau au bulldozer aussi creusée en rond. Sur l'île ronde un arbre maigre à trois branches sur tuteur, au milieu du rond. Neuve aussi la cabane de bois verni achetée par éléments préfabriqués, avec la fenêtre calibrée au milieu et la porte pleine. La cabane de bois carrée est près de l'arbre au milieu du rond sur l'île au milieu de l'eau, le grillage carré entoure tout cela à distance sans arbre. Un canot est amarré de travers, seule la superstructure bleue de la coque émerge de la nappe de brume sur l'eau, c'est beau.

Rectangle. L'île est en plein champ, pas loin du bord de voie. Le champ est labouré jusqu'à l'horizon, sans haie. Un chemin de terre vient perpendiculaire à la voie jusqu'à l'île. L'eau est creusée en rectangle, en laissant sur le pourtour une bande étroite et égale de terre nue. L'île au milieu est ronde sans affectation de régularité, et n'est pas entretenue, il n'y a pas de cabane ni de canot. Sur la bordure qui entoure le rectangle, à un seul endroit, un banc.

Ovale. Un paysage de haies, et des grands arbres. Au milieu des arbres le trou ovale très enfoncé, grands rebords qui tombent. Pas d'île, on dirait tout cela humide, tout cela à l'ombre. Un homme est sous les arbres qui pêche, seul entre le grillage et l'ovale.

Et celle-ci en fait il n'y a même pas d'île juste une découpe rectangulaire, ou plutôt pour le loisir une île de grillage dans les champs avec carré d'eau au milieu, autour de l'eau et dedans le grillage quatre rangs de peupliers qui grandissent sans se plaindre, et on l'appelle l'île aux pancartes rouges parce que sur chacun des trois côtés visibles, plantée aux troncs d'arbres, est une pancarte émaillée rouge avec indication lisible même d'ici et même si vite Propriété privée Pêche interdite. L'eau est sombre et reflète les peupliers devenus hauts, rien au milieu, rien que l'eau, le talus qui tombe droit et le chemin tracé avec quatre angles pour pêcher des poissons carrés.

Cette fois-là, voilà, on n'aura noté que ça. On était au wagon-bar, à boire un café, les champs passaient, très égaux, et en dix minutes il y a eu cela, ces images, l'eau artificielle, la propriété privée devenue emblème avec le rien de ces îles du dimanche, tricot et pêche à la ligne, apéritifs.

Deux semaines d'affilée on prend seulement des notes à la volée, et puis on trie :

Commercy. Maisons début de siècle, trop étroites pour qu'on y habite encore, quelqu'un d'aujourd'hui y heurterait des épaules, non pas en ces villes de vieille sidérurgie qu'elles aient grandi, les épaules, peut-être même au contraire maintenant qu'il n'y a plus grand-chose ici à faire (ce qu'on suppose d'écrans à lumières vertes et rouges sur les cabines de commande que la grande usine Tréfileurope n'expose pas aux regards extérieurs) mais on a pris d'autres habitudes pour se laisser aller entre quatre murs. Au fond, jardins rectangulaires eux aussi en longueur avec cabane au bout.

Maisons de brique rose sans plus de portes ni fenêtres, les toits s'abîment, elles sont vides. Pourtant les jardins encore labourés. On imagine (pour une fois imaginer) une photo de famille autrefois, sur le perron parents et enfants rassemblés pour la pose en habit de dimanche puisque ici on vivait, avec des fleurs et non pas ces choux, du gravier plutôt que la terre noire pour allée et la fierté de mériter ce qu'on possède.

Commercy encore, ces maisons délaissées quand on s'éloigne, et dans ce brutal ralentissement en courbe du train quand on arrive, ce qui en est le complément social : la maison du maître de forge aux deux étages avec balcon et perron, le bras d'eau aménagé et l'usine tout auprès, l'usine qui s'était mise à rogner par bâtiments juxtaposés vers la maison du maître de forge et puis maintenant des bâtiments sans vitres ni toits et le parc un fantôme de broussailles, l'eau stagne et les choses de l'usine on dirait qu'elles vont basculer pour l'étouffer, tout est mort ici d'un coup. Comprendre qu'on est d'un monde qui se reconstruit mais à côté, quand on se déplace soi-même d'un point à l'autre on ne s'occupe pas des zones mortes, que le train continue d'exposer côte à côte : les maîtres inconnus de Tréfileurope, bâtiment neuf, n'ont plus château à côté de leur usine.

Inondation, ce jeudi-là un pays fait tout entier de collines comme des îles, chacune avec son village et non pas de phares mais le clocher seulement, droit dans la brume séparant les deux reflets gris du ciel et des eaux, pour signaler les ports ou l'accostage, la Marne comme une mer.

Jardins ouvriers à Foug où on ne ralentit pas, alignements réguliers de fûts métalliques de deux cents litres, soit gris soit de couleur, on a récupéré ça des militaires, à Toul et Commercy les casernes ont beau laisser fondre leurs effectifs les trains du vendredi soir il faut se battre pour trouver une place parmi les cheveux ras qui pour dormir monopolisent chacun tout un siège.

L'hôtel comme un grand cube rose à Bar-le-Duc, tous les volets gris clair sont fermés, l'hôtel est condamné, les couche-pas-cher Formule 1 Campanile Village Hôtel Etap Hôtel One Plus One Quick Palace et First Class se sont posés tout montés près du supermarché et le vieux bâtiment rose tarabiscoté est à vendre, la pancarte en vue du train depuis cinq mois qu'on y passe, ça restera tout l'hiver à vendre, ça l'est peut-être encore : qui s'installerait hôtel à Bar-le-Duc en face la gare ?

Boîte de nuit entre route et voie, le grand bandeau écrit L'Évasion, il y a un large parking creusé c'est comme une carrière tranchée droit, le tout peint en jaune clair avec de larges bandes rouges à même le bâtiment gris sans fenêtres, sans doute c'est plus beau au samedi la nuit avec les lumières.

Toul, au-dessus de la gare, la maison majestueuse, gigantesquement cubique, neuf ouvertures en façade, porte avec perron entre deux fenêtres, mansardes et rideaux. Du perron on descend sur une terrasse avec balustrade, un escalier de pierre tournant avec la même majesté que perron et balcon. La façade sur rue est de l'autre côté. Il a dû être beau de construire ce luxe au-dessus des voies nouvelles. Il faut être combien pour y habiter ? Comment ne pas savoir d'avance qu'ils sont beaucoup moins nombreux, qu'est-ce qui le dit aux fenêtres, par les stores mi-baissés ? En dessous, l'étendue terne de sortie de gare, et au sud plus rien à voir de l'horizon des forêts.

La Moselle ici très large, station de pompage, tours grises au milieu des eaux, on ne sait pas d'abord à quoi elles peuvent servir. Refuges ou ermitages, comprendre l'envie qu'on aurait de venir là, puisqu'il y a une porte, étroite, porte de fer (peinture verte qu'on n'utilise que sur le fer), et un drôle d'escalier qui descend jusqu'à l'eau, île encore mais sans bord et sans pays, comme un crayon planté sur le fond de la rivière, et juste le haut qui dépasserait. Cela existe, cela fonctionne sans doute puisque entretenu, et l'explication qu'on se fait de comment ça marche entre le pompage et la rive n'enlève rien à l'énigme. Objets suffisants en eux-mêmes, justement peut-être parce que vus si brièvement.

Pavillons qui s'alignent en surplomb de la voie, quand on arrive à Frouard (de l'autre côté, d'autres alignements, les montagnes de charbon noir comme si quelqu'un quelque part encore se servait de charbon) : à chaque kilomètre de pavillon, tout au long de la voie, l'uniformité encore des architectures d'école et de collège qui s'y associent, elles-mêmes accolées d'un stade avec piste de quatre cents mètres en tartan rose à bandes blanches pour les couloirs, et les buts inutiles de football entre.

À Maxéville le premier bâtiment, un fronton marqué Dupont Est. On ne saura pas, et même pas de l'autre côté des voies ni de l'autre côté de la ville, s'il y a un Dupont Ouest. À côté c'est marqué Aubade pourquoi. Le ciment ne cesse plus, on arrive.

Reprendre. Usines : Ageca produits adhésifs pour la maison et l'industrie, là c'est écrit en une seule phrase longue et lisible.

Camion jauni ou verdi, entre deux haies tout près de la Marne, un ancien camion frigo, on n'aurait pas eu l'idée de s'en servir comme ça de résidence secondaire. Disproportionné, trop gros, pas de fenêtres : et avoir ça sous les yeux, pour les beaux dimanches. L'eau derrière, verte et profonde.

La Marne encore, bâtiments désaffectés : d'anciens bureaux de parpaings et maintenant plus de vitres, une enceinte quand même close mais portail ouvert et rouillé, puis des gravats, tas provenant de démolitions, le tout une tache vaguement blanche, qu'on longe un instant.

Reprendre. Terrains de foot pour entraînement, trois d'affilée de travers dans le format d'un grand, l'un après l'autre en rang près de la voie, les six buts repeints de blanc et l'éternelle cabane de ciment brut avec deux portes vertes, une pour chaque équipe et la buvette au milieu.

Le dessous des ponts, quand les voitures passent au-dessus du train, empilements de piliers en ligne, souvent trop minces (période plutôt, qu'on préférait en faire dix minces qu'en calculer un gros), il y en a trop, cela multiplie l'enfoncement sombre. Et sur le mur gris au fond quelqu'un est quand même venu dessiner (Épernay).

Dans l'inventaire des bords de ville, noter les chaufferies : lignes géométriques et carrées pour coiffer les chaudières rondes et le fouillis des tubes et échangeurs. Larges vitres, cheminées épaisses et bardage bleu : la prédilection des chaufferies pour les géométries régulières à bardage bleu. On les trouve toujours en avant de la ville, immanquablement quand se profilent écoles ou immeubles (de même qu'on reconnaît partout les collèges, classes, gymnases et préaux et l'immanquable logement de fonction qu'ils comportent).

Dans l'annuaire de Vitry-le-François, faire le relevé des usines. Quand on s'éloigne, après l'immense Sarreguemines Bâtiment et ses éviers sur palettes emplastiqués et empilés comme on ferait une installation moderne de sculptures identiques, après les bâtiments blancs et morts, sous l'indication du Leclerc, les mots Entrepôts de Vitry-le-François, ce qui n'indique pas ce qu'ils recèlent. Faire à distance, si ça se pouvait, le relevé des noms de rue de la zone industrielle, les noms de quartiers neufs vont toujours par familles. En voiture on aurait eu plus d'indications, grands panneaux aux carrefours, plaques sur les portails à guérite, quand du train on ne devine rien.

Reprendre. Favresse, nom de village sur plaque réglementaire, une amorce de campagne pour greffer le train sur les maisons au loin, une voiture qui attend au passage à niveau.

Le canal de la Marne au Rhin, coupé après Sermaize, avant Révigny : les péniches chaque fois (une par voyage, qu'on aperçoit au même endroit) et qui semblent plus grosses que la voie d'eau. La voiture que souvent elles portent au travers, comme si tout ce ventre sur l'eau ne servait qu'à déplacer ce qui vous emmènera promener, ou rattachera le vieux canal en vert et gris sous les arbres aux supermarchés criards, les couleurs récurrentes sur cubes des Leclerc et Intermarché au bord des pistes bleues de sortie de ville avec camions eux aussi en rouge et blanc à grosses lettres par quoi un monde a écrasé l'autre.

Colline et arbres fruitiers, et puis, là-bas vers le haut, sous les pommiers, trois épaves de voiture dont une brûlée, que quelqu'un garde. Après, la forêt.

L'usine à tubes en béton Gedimat Collot, entre la gravière et l'unité de fabrication, des taches jaunes sur un champ vert : obstacles pour le dressage des chiens. Longs tuyaux d'évacuation d'eau ou collecteurs courts de large diamètre, empilés ici, tout gris, comme jeux d'enfant, et puis c'est la gare de Bar-le-Duc, reprendre.

Organiser la mémoire à force de semaines, prenant lentement repères, ajoutant lentement un nom à un autre nom, trois heures d'impressions rétiniennes continues avec villes, paysages et usines, maisons, immeubles, cimetières et casses pour le fer, et canaux et rivières et les longs ralentissements d'entrée de ville, quand on vous laisse enfin le temps de voir mais que la profusion elle aussi augmente et vous déborde, et les longs ébranlements quand on s'en va et qu'il faudrait tout retenir, vingt usines, quarante villages, pour autant de buts blancs de football, et même si plus rien tout de suite, avec enfin le temps de tout regarder, même ces trois pierres et ce tas de branches, d'un champ en friche avec trois haies et le recommencement vierge des broussailles.

Puis à l'inverse ce qu'on construit et qu'on attend, et c'est comme au bain de photo une révélation très lente depuis le blanc autour d'un seul détail. Et la liste est prête déjà, à cette étape même du texte sur lequel on ne revient pas, parce qu'on applique au texte la même règle qu'on a dans le voyage (le retour, le lendemain soir, est toujours dans la nuit noire, on ne voit rien et le train n'a pas d'arrêt, on devine seulement, parce que c'est bientôt l'arrivée, la gare de Meaux qui domine son centre-ville, et puis, aux trains gris déclassés de la banlieue qu'on double, qu'on a passé Noisy-le-Sec et que Pantin approche), la liste des choses retenues, celles qui chaque voyage depuis trois ans sur cette ligne vous ont déjà marqué et cette fois ça y est, on en a entrepris le relevé. On se dit parfois qu'une fois il faudrait prendre sa voiture et qu'elle vous mènerait aux mêmes lieux précis avec droit de s'y arrêter, au cimetière puis aux usines de Vitry-le-François ou bien au vieux cimetière de Toul, à la grande aciérie aux activités invisibles avant Sorcy ou telle mystérieuse élévation d'un monument militaire blanc trouant au loin une colline, mais on ne le fait pas : et qu'est-ce qu'on trouverait donc qui ne serait pas alors la même usine qu'à Saint-Pierre-des-Corps ou Angoulême, tout ce qu'on connaît de son propre pays au par cœur, tout ce qu'on peut en atteindre, comme si la règle du jeu, que cela surgisse et cesse, était justement ce qui vous produisait le visible en le retranchant du même coup, forçant l'impression brève à attendre qu'une autre semaine la recouvre parce que le ciel sera différent, qu'il pleuvra sous un ciel noir ou que l'hiver à nouveau amènera sa brillance dure, ou bien que tout sera plongé cette fois dans le brouillard blanc ou bien ou bien. Et comme si jamais humain ici ne paraissait, cela tient simplement à l'heure : au grand cimetière coloré devant ces immeubles en barres perpendiculaires eux aussi jaunes et roses, à Vitry-le-François cette mascarade de taches, il est toujours trop tôt pour les enterrements et on n'a jamais vu ici personne, et à Toul cette maison blanche derrière le cimetière avec ses fenêtres étroites, bien sûr qu'elle est habitée pourtant même si les stèles à l'oblique, les stèles mi-tombées pourquoi ne changent pas.

À quoi tient ici que la profusion autant nous retienne, prenne tant emprise sur nous-mêmes, que par cette machine humaine pourtant, la mécanique ville soit cette saignée sur trois cent cinquante-deux kilomètres faite d'entrepôts et silos, d'écoles rectilignes avec chaufferies et d'usines défaites.

Que le déjà vu par où on a passé, on a vécu (la voie ferrée passait près du petit stade de Civray, où on avait vestiaire quand on y montait avec le lycée, et la voie ferrée passait près de la fonderie Serseg à Ruffec près de Civray, où on avait travaillé tout un été), est toujours accessible. Qu'ici, parce que rien n'est accessible et qu'on est emporté, le visible est à construire, quand bien même il ramène encore et toujours à de mêmes et si banals éléments simples (la maison au-dessus des voies, la perspective sur la rivière, la baraque des vestiaires et telle usine, le même tissu partout des transformations manuelles, entre camions et rails).

Route nationale au loin, procession lente des camions. Comment à flanc de colline on dirait qu'ils roulent sur les champs, ou glissent. Et la silhouette reconnaissable du restaurant routier, même vu à distance, et même vide le parking à cette heure : juste à cause de cet agrandissement des cuisines, sous toit à faible pente, par-derrière.

Ce qu'on dit l'usine blanche à Meaux, parce que les murs simplement sont blancs, qu'elle n'a pas de fenêtres, à peine de grandes portes muettes, et que les bâtiments entre eux forment dédales de rues, sans personne. Peuplée du dedans. Entre les bâtiments et les grillages, quelques tas de palettes vides. On ne saura pas à quoi ils s'activent, dedans. Tout est entretenu, le portail en ordre.

Château-Thierry, l'usine rectangulaire, ce qu'on dit l'usine rectangulaire. Parce qu'un seul bâtiment en forme nette de rectangle, toits en triangle de ce côté de la voie, longue façade à perpendiculaire, fenêtres sans lumière, verrières muettes : celle-ci est morte.

Et on reconnaît, l'usine avec le logement, long mur parce que de cette génération toutes ont un mur long, et tout au bout l'agrandissement de trois fenêtres au carré avec rideaux blancs. Et, en bas, dans l'usine pourtant toujours, une balançoire pour gosses, sous portique, logement de fonction.

Campagne, succession jamais morne, à mesure que se fait le détail de la trace ronde du tracteur en bout de champ, de la haie retaillée au bulldozer, de la répartition inégale des boules de gui dans la forêt, de l'émergence vague d'un village au loin, avec le clocher très pointu et un peu plus loin quelques maisons neuves.

Et puis les villes comme une compression élastique, la perspective encore des immeubles roses (aujourd'hui dans le brouillard et le grésil les couleurs sont parties, ce sont eux quand même) sur le cimetière vide. Et c'est trop d'images, aux frontons des usines, aux maisons où les gens vivent, au défilement un instant très rapide des quais, et puis encore ou déjà le canal et l'écluse, une suite de jardins délaissés et les arbres.

On s'attache à nouveau aux singularités, on s'en veut de n'avoir pas plus retenu. À avoir su garder ces trois pierres redressées en bout d'un champ on croyait qu'au défilement de la ville on aurait multiplié l'agencement des détails dans une image très grande et forte, qui les rassemblerait tous. Ça a manqué, c'est là pourtant encore qu'il faut fouiller.

Les noms qu'on enregistre peu à peu sur une page réservée du carnet noir sans se préoccuper de l'ordre des villes, parce qu'ici les noms semblent moins abîmés qu'au bord des routes, qui prônent désormais surtout les entrepôts de choses à bas prix par enseignes vulgaires et panneaux de publicité sans cesse renouvelés pour de mêmes pacotilles. Les noms qu'on voit du train sont des noms stables, peints une fois pour toutes : on a relevé Pouchard Tubes Pantin Les sanitaires briards Vidal et Champredonde Fimag encadrements Hardy-Tortuaux (avant Meaux) Mécamarc Malbate Cercle vert Melitta Ageca produits adhésifs Westphalia Separator (Château-Thierry) Legras Industrie Technomat (Épernay) Boban silos Samivat machines agricoles Sarreguemines Bâtiment Royal Canin Ober bois et placages Transports du Perthois (Vitry-le-François) Smurfit Fermolor Tuiles Huguenot Meuse Métal Perin frères (Révigny) Varney Industrie Troc 55 Stein-Heurtey Sirei et Medi Est plus Bergère de France (Bar-le-Duc) Gédimat Collot Compagnie de produits textiles Munch Industrie Maintenance CGIL Steiner matériaux Tréfileurope (Commercy) Neweu International (Pagny) et encore quand on avance Société de Menuiserie Générale René Utard Lerouville Danzas Petitcolin Charbon fuel Klein Dupont Rolin-Mathiot Galerie du Meuble Bière de Tantonville Les bières Croix de Lorraine (Toul) Produits réfractaires Pousseur (Liverdun) encore Simotra Algeco et Transcéréales puis Coopérative de Vaucouleurs Fermolor La Trocante Gilliotte STV Marbrier funéraire Martin Joyeuses Fêtes (Frouard) et Ouest Isol puis CPI profils creux profils soudés Bar Restaurant de l'Est (Champigneulles) Vente de matériel électrique Électricité générale Alarmes À louer À vendre Neuf bureaux activités Les sanitaires briards encore Promocarte.

On attend parfois tout le voyage pour ce qui surgira quelques secondes et ne délivrera rien que ce que la vue en sait déjà, le temps de refaire ses repères et réorganiser la vue globale. Le train va trop vite et tout a passé, on ne voit plus rien, on a juste vérifié que le mystère était encore là, c'est à Foug un peu avant Toul, où on ne ralentit pas, qu'il y a cette place de la gare avec encore une fois la rue perpendiculaire, et sur la place l'étrange renvoi des deux taches roses pourquoi, un même propriétaire mais on ne peut s'avancer, d'abord sur le fronton du bâtiment le mot Dancing écrit en très gros, et en face, symétriquement, de l'autre côté de la rue perpendiculaire toujours vide, la rue où on aimerait marcher, où on aimerait faire même inventaire de détail mais jamais on ne le fera, jamais on n'y viendra : sur un fronton un peu plus large et à peine dix mètres en arrière, l'inscription en trois lignes Bar Restaurant

Café de la Gare en même graphisme sur un même rose, et qui vient danser à Foug on ne le sait pas, on n'a jamais rencontré personne de Foug comme eux ici probablement seraient en peine de s'y repérer entre Chapelle-Bâton, Availles-Limouzine, Sauzé-Vaussais et Civray où on a vécu et dont on sait pour toujours le détail (et ce détail parce qu'on y passait dix fois, adolescent, à vélo, sans doute le même justement qu'à Foug, avec aussi bien la quincaillerie fermée, transférée dans l'entrepôt près de la route, et l'Intermarché en blanc et rouge et la place Leclerc à Civray-centre toute vide autour du monument aux morts, avec le parking refait, les Tissus Gardès oubliés et la Librairie Baylet, a-t-elle gardé son nom pour sauver ses mappemondes, ses cartables et ses dictionnaires?). Étrange l'inscription Dancing sur son pignon parce que c'est une maison étroite aux trois étages vus en perpendiculaire sans façade, on ne saura que ce pignon et qu'au rez-de-chaussée comme aux deux premiers étages sont deux fenêtres, que les six fenêtres donc sont exactement superposées par trois avec leurs volets étroits et les rideaux (donc, c'est habité), qu'au deuxième étage entre les fenêtres sont deux minuscules lucarnes avec barreaux, comme on en mettrait pour aérer des toilettes ou une salle de bains, et tout en haut au troisième en mansarde sous le toit, les deux mêmes lucarnes accolées, mais sans fenêtres : on danserait donc, dans l'étroite maison avec escalier, toilettes, rideaux et étages? Et pourquoi pas, comme on faisait dans les anciens palais à suite de salons (dans les livres) pour les bals d'apparat c'est peut-être plus excitant, avec les cuisines et salles à manger qu'ici on suppose, téléviseurs et paliers, de faire la fête d'un soir. Le café hôtel de la Gare est dans l'angle lui aussi sous bannière rose, une vitrine et une porte comme tout un chacun des collègues et quand bien même le train va vite on sait reconnaître sur la vitre de la porte que sont comme partout les affiches tenues au scotch, avec les matches de foot, les loteries et les voyages en autobus : on s'arrêtera vérifier à Foug.

Après le tunnel de Foug, très vite le ralentissement pour Écrouves qui touche Toul, le ciel qui change peut-être c'est à cause de la prison vue depuis l'angle en perspective sa masse arrière sous barbelés et tours de guet sur bâtiments régulièrement alignés, et la tache en couleur de la fresque annonçant L'Évasion, où en amont de la ville au samedi on vient sûr de sûr danser encore, dans le bâtiment gris peint en jaune clair avec de larges bandes rouges à même bâtiment gris sans fenêtres.

Qu'il ne soit pas indifférent qu'à Révigny le bar dans la rue perpendiculaire qui s'éloigne de la gare se nomme L'Outsider, et ait bandeau émaillé rouge au-dessus de la vitrine.

Qu'il ne soit pas indifférent que cette maison trop longue en élévation trois étages et quatre escaliers, si mince qu'on dirait qu'un lit en travers n'y tiendrait pas, et si étroites les fenêtres qu'on dirait qu'on n'y passerait pas le buste, élevée en parallèle des voies de chemin de fer dans la fierté du siècle commençant, soit depuis tout ce début de saison volets fermés et portes murées, en attente d'une démolition qui ne se fait pas, peut-être parce que ça n'en vaut même pas la peine.

Qu'il ne soit pas indifférent qu'à Vitry-le-François, quand on longe en arrivant le grand cimetière sous les immeubles roses au fond, cela se termine (dans le sens de la marche du train) par les urnes de crémation et qu'il s'agit d'un mur de béton avec des petites cases, et que les cases vides n'ont ni façade ni fond : juste sous la route en surplomb une suite verticale d'alvéoles partie occupée, partie rien, ce mur lui-même à l'image des immeubles tout au fond, fenêtres éclairées fenêtres noires. Après le cimetière (dans le sens de marche du train), au long de la voie une suite de quinze garages en boxes à porte grise fermée ou levée, cubes de ciment vides comme les alvéoles à cendres, alvéoles à fer, avant qu'à la sortie on retrouve la ville des entrepôts morts (cela dure quinze secondes peut-être, d'avoir en vue le grand cimetière, la décharge qui le précède (vieilles pierres tombales, déblais, fleurs), la grande section plane sous les immeubles avec les allées droites et le terrain vierge par où les tombes pourront s'étendre, puis ce mur d'alvéoles de ciment par quoi il se clôt, enfin l'alignement des garages). Cette impression aux alvéoles irrégulières, remplies ou closes, empilées à la verticale, à cause de leurs irrégularités mêmes, qu'une poussée de la main suffirait à ce que tout s'effondre, et qu'alors les immeubles eux-mêmes peut-être suivraient : je n'aimerais pas être enterré (encore moins incinéré) à Vitry-le-François.

Qu'il ne soit pas indifférent, pour le cimetière en contrebas entre champs et haies et son ordonnancement calme, les trois tombes plus riches côté du mur à l'est, l'impression que ces deux grosses tombes noires et neuves avant n'y étaient pas : sans doute que si, mais de voir la première fois c'est comme faire exister ce qui sinon n'était pas, pas de village pourtant ni de ville auprès qui dise de quels morts il s'agit, tout ça, les hommes, derrière la colline là-bas peut-être (de l'autre côté du bois, des toits dépassent, et une fumée).

Qu'il ne soit pas indifférent que ce matin-là, passé Commercy, avant la cimenterie et le double tunnel de Foug, à la jonction du canal de l'Est et de la Meuse, deux hommes sur un chaland, et dans l'autre chaland en amont une pelleteuse presque plus large que la drague, dans l'aube froide d'hiver travaillent avec bottes sur l'eau vide.

Qu'il ne soit pas indifférent, dans le ciel gris de la cimenterie, avant le tunnel de Foug, après les deux châteaux d'eau jumeaux vieillissant ensemble, que les grandes trémies occupent soudain tout le ciel sans laisser comprendre comment tant de matière peut être soulevée sans tomber, les deux hommes ce matin-là avec des bottes de caoutchouc et des casques de plastique jaune parlant travail puisqu'ils montrent là-haut les énormes tuyaux, seuls dans l'immense complexe levé jusqu'au ciel des passerelles et tuyaux dans toute la variété possible des blancs et gris.

Qu'il ne soit pas indifférent que le pêcheur en vert au bord du canal juste avant qu'on traverse après Toul la Moselle, sur les kilomètres possibles du chemin de halage désert, qui choisit chaque semaine (mais est-ce le même, en tout cas chaque semaine prévoir qu'un pêcheur sera là, et il y est) de se mettre juste en dessous ou tout auprès du pont de chemin de fer, dans le vacarme qui est le nôtre, ne nous regarde même pas.

Et pas indifférent non plus que cet homme en blouson bleu foncé et casquette rabattue sur les yeux aperçu marchant vite sur une route déserte, un kilomètre vide derrière, un kilomètre vide devant, parte où et pour faire quoi.

Qu'il ne soit pas indifférent à Liverdun, seconde cour de la conserverie l'escalier de fer en spirale peint au minium à vocation d'escalier de secours, et personne dans les bureaux d'au-dessus ne l'emprunte, que personne jamais dans cette cour en enclave dans les bâtiments jaunes.

Qu'il ne soit pas indifférent qu'à Pagny-sur-Meuse, sous le très haut remblai à formes droites et décrochements en trapèze dont on voit l'arrière, il ait fallu un jour sous ciel gris vol tournoyant de mouettes (ici, tellement loin de toutes mers) pour deviner la décharge, et confirmer au voyage suivant en découvrant dans les zones de terre nue un charroi noir et heurté, et que s'y détachaient au repos trois bulldozers jaunes à contre-jour, tout cela surplombant le train de si haut : de quel territoire Pagny traite-t-elle l'accumulation de déchets ? De l'autre côté du remblai dont on voit l'arrière, imaginer la pente progressive que rechargent jour après jour les trois bulldozers et l'élévation continue du charroi noir, l'odeur aigre de feu et de compost, les mouettes encore ou toujours, tournoyantes et dévoyées.

Établir pour écrire que la suite de rituels soit respectée c'est-à-dire s'installer vers l'avant du train où juste après la motrice un wagon est désert parce qu'une moitié est réservée aux colis et journaux, c'est un fourgon mais laissant encore à l'avant, comme séparés du train, cinq compartiments dont un réservé au service et toujours désert. Que dans ce compartiment on s'assoit sens de la marche côté fenêtre, à la même place. Qu'après qu'a cessé la profusion rapide des images de Meaux (usine si grande et sans plus de vitres ni toits, et les bâtiments près de la gare aux immenses graffitis et ces maisons aux boiseries baroques et fenêtres en avancée et mansardes rajoutées sur toit de tuiles vernies, du temps qu'habiter au bord de la nationale ajoutait au prestige, enfin les immeubles blancs perpendiculaires au train, les immeubles jaunes parallèles au train, les lancées planes de pavillons blanc terne avec pelouse et grille et puis les supermarchés en paquets peu à peu distendus) on se rend au wagon-bar, traversant successivement un autre wagon à compartiments puis trois wagons dits salle, parce que les sièges vont quatre par quatre, recouverts de faux cuir orange (les wagons qu'on dit corail), dont un wagon fumeur, dans chacun des wagons ayant par réflexe, alors que des coudes on se retient des secousses aux dossiers des sièges, qu'on pousse à chaque wagon le déclenchement pneumatique de la double porte sur le soufflet où le vacarme devient d'un coup métallique, un œil sur ce que lisent les gens, l'habitude depuis des années prises de déchiffrer au vol les titres (avoir vu une fois quelqu'un lire un livre de Jean Échenoz et l'envie réprimée qu'on a d'aller taper sur l'épaule et dire : Je le connais, c'est un ami!) ou au contraire ce dont on voudrait les mettre en garde quand la marchandise imprimée vous semble frelatée ou trop lisse, qu'on aimerait parler avec eux de quelle lecture plus âpre ou râpeuse ils seraient en attente, enfin le wagon divisé en deux de la voiture-bar où on demande un café qu'on paye douze francs l'unité, pourtant juste de l'eau mal chaude qui décante lentement d'un compartiment de plastique à celui d'au-dessous, on boit très vite, assis sur le tabouret et l'œil pourtant avivé parce que cette fois la vitre on est face à elle, elle est large comme le champ de vision et encadre de face ce qui surgit, les gravières creusées toutes blanches derrière l'eau en flaques ou étangs, le lever de familles du voyage dans la caravane encore immergée de brouillard près d'un feu orange qui se détache de la brume, des fermes endormies avec pourtant le tracteur un peu plus loin au travail, des villages dont le clocher semble pencher. Et premières usines, la suite qui ne cessera plus des usines, Château-Thierry la Westphalia Separator qui a bâti sa renommée sur la traite électrique (maison principale implantée à Oelde en Allemagne, on a quelques raisons de le savoir), et les annonces du train qui se répètent d'une semaine à l'autre identiques, à chaque gare répéter combien le temps d'arrêt. Identique paysage qui maintenant s'organise, une fois de plus on n'a pu déchiffrer tel mot sur le fronton perpendiculaire d'une usine dont on voudrait savoir ce que les murs opaques produisent ou transforment, le train ralentit pour Châlons-en-Champagne, alignements de toits pointus en triangle au loin, forêt des pylônes ferroviaires et multiplication horizontale des aiguillages, du poste F on passe au poste A, puis le hangar des Ponts et Chaussées où attendent rigides des engins orange, des arbres séparent le monde ferroviaire du monde de la ville et les silhouettes sur le quai déjà, rigides quand le train passe, et puis se mettant brusquement en mouvement dans le petit heurt de l'arrêt, comme retrouvant d'un coup couleur et visage, le bruit dans le wagon des portes qui s'ouvrent, les pas dans le couloir et le ralentissement devant le compartiment des gens qui examinent derrière la vitre l'installation qu'on s'est bâtie avec sacs et vêtements et qui en général les dissuade, ils vont plus loin d'autant plus facilement que ce wagon de bout de train, avec le compartiment des bagages et celui dit de service réservé aux contrôleurs (c'est d'ici qu'ils font leurs annonces répercutées dans tout le train) est chaque fois aux deux tiers vide. Au-dessus de votre tête, quand on s'en va, des camionnettes et des voitures semblent lentement remorquées sur un pont, le soleil en face se lève à l'horizontale, c'est janvier et on va plein est, la voix sur le quai annonce qu'on est voie deux (« Voie deux départ imminent attention à la fermeture automatique des portes en voiture s'il vous plaît. ») Et forcément le coup de sifflet par quoi on sait qu'on s'ébranle. Inscription au-dessus de la rue qu'on longe : « Marché U tout droit à deux minutes », maintenant un long mur d'éléments préfabriqués, et, moins de deux mètres en arrière, des maisons sans jardin, cela doit être gris pareillement derrière, ce qu'on voit de la cuisine ou des chambres côté voie. Une résidence à trois étages et cage d'escalier brillante sous ses vitres, on est encore au ralenti, une dame à cheveux blancs et vague couleur rose de robe d'intérieur, derrière fenêtre carrée, regarde partir le train puis ce jardin public vide entre Marne et train, en face par la conjonction des deux fenêtres l'usine marquée Usine à eaux de Châlons-sur-Marne (et non en-Champagne) puis usine à bois, la scierie aux troncs en attente et ces drôles de formes découpées peintes en noir suspendues au fronton de tôle ondulée. Comment on vit presque avec rage ce temps à compression élastique, parce qu'il faudrait tout percevoir et tout retenir dans la seconde où se produit comme en perspective illuminée l'énigme rapide d'une usine morte ou l'activité sous lampe d'un bureau sans silhouette, et qu'on doit encore une fois, le front sur la vitre du compartiment, attendre que cessent les champs labourés monotones, les broussailles désertes, l'eau toujours vide. Il faudrait aussi, il aurait fallu d'emblée accepter la profusion qui est celle par quoi on est lentement tiré de la capitale, des empilements du travail, de la multiplication ferroviaire pour venir à ce moment plus étale où on commence à séparer ce qui vient linéairement se succéder sur la même vitre où vous êtes, face à la place 64, au-dessus des trois sièges vides en face un miroir, des rideaux verts à plis rigides et jaunis sur les bords, et au-dessus de la porte les deux gros boutons dont on a essayé mille fois le fonctionnement, mais ni le réglage chaud (thermomètre rouge) ou froid (thermomètre bleu) du chauffage (toujours à fond) ni le bouton près du petit dessin de haut-parleur avec suite grandissante de carrés (diminuer le volume des annonces à chaque gare) ne fonctionnent, encadrés à droite par l'interrupteur des lumières, à gauche par le signal d'alarme scellé, la porte coulissante mi-ouverte sur son bâti d'aluminium anodisé gris.

Variations de récit sur réel répété à l'identique, et pousser cela à bout, et rien d'autre même au récit que ces images pauvres, rue qui s'en va en tournant, encore ces maisons aux angles trop droits, encore un garage et des immeubles, et toujours cette manière qu'a le pays de laisser ceux du train le regarder par son derrière, jardins sur cuisine, fonds de cour d'usine, déballage dont on se moque qu'il soit vu, c'est la façade de l'autre côté qui compte.

Ne pas même regarder l'autre vitre du train, s'en tenir à sa seule face du monde (ralentissement pour travaux à Loisy-sur-Marne où un établissement de carrosserie peinture automobile s'appelle Meunier). Vitry-le-François, immeubles, collège et chaufferie puis cimetière, annonce gare (correspondance pour Saint-Dizier) et silhouettes sur quai, on sait qu'ensuite il y aura la suite des usines, les quinze images fixes qu'on va retrouver et puis ensuite plus rien. Se forcer à écrire dans le temps même qu'on voit, et donc ne pas revenir, contraindre le récit à parvenir par seule répétition à gagner sur le réel répété, ce qui est et qu'on a du mal à voir, et justement parce qu'il cesse si vite nous contraindre à densifier dans l'instant le rapport visuel qu'on en a (et déjà cesse Sarreguemines bâtiment et déjà cessent les rues vides de l'usine qu'on dit Stein-Heurtey parce qu'on nous l'a dit et qui paraît toujours abandonnée). Et comme un peu avant Révigny (on prend repère sur une image brève de gare), après la longue usine rouge des Tuiles Huguenot de part et d'autre du train c'est tout le pays qui passe à la brique, trois rues de maisons ouvrières, deux autres entrepôts, et tout est rouge, les maisons, les fermes, les granges et puis le parpaing progressivement revient.

Comment ce qu'on sait devenir brièvement Révigny s'amorce et cesse, maisons qui s'accolent, puis la seconde casse de voitures des trois du voyage et comment on regarde (cette fois-là relisant Bergounioux : « Les choses de jadis, les jours enfuis s'attardent aux lisières de la ville et de la vie, dans les décharges, sur les casses... La ferraille, enfin, participe au suprême degré de la substance étendue, elle affiche franchement des arêtes tranchantes, une densité voisine de 8, une ténacité à toute épreuve... Je me sens proche, en imagination, de cette tribu du Gabon, les Bakota, qu'on voit circuler, en file indienne, dans la pénombre de la forêt, portant sur le dos, dans des paniers coiffés de bizarres reliquaires en cuivre, les restes soigneusement récurés de leurs ancêtres » et la phrase qui allait si bien avec l'image processionnaire du train au long des casses on l'avait recopiée dans le carnet noir avec le reste).

Un jardin rectangulaire où c'est une deux-chevaux fourgonnette sans portes qui sert d'abri près des arrosoirs et des piquets. De la gare minuscule qui file si vite ensuite une fois de plus rien de lisible sauf l'éternelle pancarte en bleu Sortie.

Révigny on a la chance que le nom sur le fronton perpendiculaire du bâtiment on le voie bien, en sortie de ville c'est les doubles taches rouges de l'Intermarché au parking toujours plein, pompes à essence avec voitures en attente (ça marche très bien, le jeudi matin, l'Intermarché de Révigny, mieux que le Leclerc de Commercy) et de l'autre côté de la route le Citroën, puis cette maison trois étages fermée, la maison étroite, la maison parallèle aux voies où plus personne ne vient vivre, une maison en lame de couteau fichée là dans le sol en surplomb. Les jardins ouvriers sont ceux de cette ville qui s'appelle Fains (Fains-sur-Source) où le propriétaire du garage Citroën (qui tient aussi panonceau

Iveco pour les poids lourds) se nomme M. Génin, il y a le champ pour le dressage des chiens avec les obstacles, des chaises de plastique blanc penchées sur deux pieds, basculées vers l'avant, en restant même dans l'hiver autour de la table du dimanche, et voilà Bar-le-Duc en surplomb, le canal même plus haut que le train, on a tenu, on a écrit à la vitesse même des images, image et puis écrire, et quand on cesse les trois lignes l'autre image vient, on recommence, on comprend comment dans le crâne, quand bien même on serait incapable d'en faire plus que grossièrement la liste, puisque c'est quatre mois qu'on fait le voyage chaque semaine, s'établit cette anticipation brève qui permet comme une reconnaissance de cadre, on sait ce qu'on doit regarder dans le moment même où cela surgit, et les usines surtout.

Surtout les usines, Commercy Tréfileurope géante et rien de loin qu'on puisse voir sinon, juste auparavant, la version sans toit de l'ancienne usine rongée comme la vieille maison de maître dans son parc aux arbres en fouillis et eau verte, tous volets clos. Fenêtres à vitres opaques, bardages gris sur façades crème, rien à décrire, tout est net, tout est dedans (le souvenir qu'on a, mais à Longwy, des tréfileries pour la vision nette et brillante des tubes en rotation rapide, de l'amincissement qui les fait jaillir, l'odeur même des huiles de refroidissement et leurs couleurs).

Puis la cimenterie, un monde dans le ciel et tout le train rien plus qu'un autre de ces tuyaux ou bien ce qui circule à l'intérieur, nous-mêmes.

À Château-Thierry le nom Westphalia Separator, sans doute qu'il y a forclusion ou prescription, on s'aperçoit qu'il y a vingt-cinq ans passés et pourtant dans votre tête c'est d'hier, la très étrange guitare basse jaune copie Rickenbacker achetée avec l'argent ramené des quatre semaines d'usine en Allemagne, Westphalia Separator la maison mère, une guitare basse imitation Rickenbacker à caisse jaune très fine avec deux ouïes symétriques, et tout pareil la sensation très précise, pourtant c'est vingt-sept ans exactement puisque j'en ai quarante-cinq, revenant par Paris avoir marché dans une rue large et longue, savoir par ouï-dire qu'à cet endroit, boulevard Saint-Germain (et c'était vrai à l'époque), on trouverait des livres, et avoir acheté ce jour-là tous les livres de Kafka qu'à Civray ni Poitiers je n'avais trouvés (dont l'épais volume blanc collection Gallimard « Le monde entier » du *Château* de Franz Kafka, et se souvenir très bien l'avoir prêté ensuite à un copain, Chandernagor Philippe, qui ne me l'a jamais rendu et peut-être l'a encore), cela pour le retour mais l'aller c'était la première fois qu'on prenait l'avion – une Caravelle –, très grande aventure d'Orly jusqu'à Cologne (périodes plus tard qu'on ne compterait même plus les envols et toujours une usine au bout, nos mêmes machines à souder par faisceaux d'électrons qu'on découvrait comme un vieil animal domestique dont on flattait de la main par réflexe le flanc chaud de la pompe à vide, dont on vérifiait en ouvrant les armoires de commande le son habituel des contacteurs) et de Cologne jusqu'à Oelde un train, pas d'images qui restent sauf que dans ce compartiment il y avait eu paroles, les gens vous parlaient, vous répondiez, et la ville allemande qu'on n'aurait pas pensé si petite (Oelde je n'y suis jamais retourné) c'était un dimanche et pour le travail il fallait se présenter le lundi matin, l'adresse de la chambre on l'avait, tout était prêt, comment la clé et en parlant à qui, disparu, plus de souvenir, rien du tout, pourtant la première marche dans la ville oui, souvenir précis : un carrefour en étoile et des maisons à forme plus proches du cube que ce qu'on connaissait, et près d'une station-service un Imbiss à l'odeur de friture et que parce que c'était l'année des dix-huit ans on avait faim (j'avais faim), ne pas avoir osé pourtant, le premier soir, alors que le goût des fritures de l'Imbiss et même les consistances, et la mayonnaise sur le papier épais des pommes de terre frites on en a souvenir extrêmement détaillé et précis avoir préféré la station-service et être revenu avec un bocal de Nescafé et un bloc de pain noir, et le goût et la consistance de ce pain noir mêlé au Nescafé, dans la chambre qu'on découvrait cela on s'en souvient (comme du titre des deux ou trois livres emmenés, mais qu'on n'avouerait pas après vingt-cinq ans que les lectures ont changé, il y eut pourtant cet achat du *Château* de Kafka au retour, le seul souvenir de Paris avec au bras par-dessus le sac la guitare basse jaune toute neuve copie Rickenbacker sans étui ni housse, juste emballée dans un nylon avec du scotch marron). Enfin donc à partir du lendemain l'usine, Westphalia Separator et le disant c'est l'exacte odeur des joints de caoutchouc qui revient, le caoutchouc dans les rayons très étroits où on se glissait dans les demi-étages du magasin de pièces détachées, c'était donc là que je ferais ce stage ouvrier et on m'avait expliqué en allemand des tas de choses à quoi je disais oui parce que ç'aurait été trop difficile d'avouer, le premier jour, si peu comprendre (au lycée de Civray-sur-la-Charente jamais on n'avait parlé allemand à quelqu'un d'autre qu'à messieurs Lagarrigue et Gauthier nos professeurs), et donc pendant quatre semaines se voir remettre des fiches de commande et récupérer les pièces détachées pour les trayeuses électriques de la marque allemande renommée, des clients de Cuba au Japon ou presque, et chaque fois des choix difficiles quand dans le casier de la pièce numérotée je trouvais plusieurs joints caoutchouc attachés ensemble, que j'en choisissais un mais quand ils étaient de taille différente comment faire, le hasard décidait et c'est au bout de trois semaines seulement, la dernière semaine, les derniers jours, que j'avais eu cette illumination que c'était le lot entier qu'on demandait, qu'il fallait envoyer à Cuba ou au Japon et pendant trois semaines c'est des dizaines et des dizaines de commandes qui avaient dû être expédiées tout de travers, cela que je n'avais jamais osé avouer à personne (mais combien de fois en vingt-sept ans avoir pensé à ce qui avait pu s'ensuivre de l'erreur, avoir refait combien de fois en vingt-sept ans le film dans sa tête de celui qui à Cuba ou au Japon recompte les joints et ne comprend rien au mélange ni aux manques). Et d'Oelde se souvenir de visages, d'un type blond à cheveux longs qui jouait très bien de la guitare, d'autres avec qui un samedi j'étais allé et dont le plaisir était de dormir à la belle étoile dans les bois de Westphalie, pas grand-chose en fait, ce goût encore du Nescafé et celui de l'Imbiss, je n'avais pas dû faire beaucoup d'autre cuisine. On ne mangeait pas à l'usine, je n'ai pas souvenir d'une cantine ou d'un restaurant, mais la pause de l'équipe au matin et qu'eux, les magasiniers allemands, planquaient des bouteilles de schnaps dans les étagères aux joints de caoutchouc, qu'il avait fallu trinquer avec eux et que ça brûlait la gueule, pas recommencé. De marches dans la ville qui toujours au soir paraissait tellement vide, l'usine qu'on rejoignait par une rue réservée aux piétons et vélos, qu'une semaine c'était équipe de matin et l'autre semaine équipe d'après-midi, et que cette première semaine, sorti de l'usine vers quinze heures je m'étais endormi, me réveillant par un ciel obscurci, regardant l'heure, c'était six heures moins vingt, j'avais interprété : vingt minutes avant d'être au travail, et quelques minutes plus tard le gardien de l'usine qui refusait de me laisser rentrer, moi insistant, les mots qui ne devaient pas être les bons puisque c'était encore au tout début, les premiers jours, enfin moi demandant : Soir ou matin, *Morgen oder abend ?* Et le type finissant par comprendre : *Ya, abend,* enfin les rues parcourues jusqu'à me confirmer que le ciel virait bien à la nuit et non pas au grand jour, que j'avais encore donc douze heures devant moi, pour l'Imbiss et le silence (les livres de philosophie politique que j'avais emmenés et qui en fait ici m'ennuyaient, les expériences faites avec un cahier à reliure collée souple dont le souvenir précis, grain de la couverture sous le doigt, a perduré avec la guitare basse et la mayonnaise des frites, parmi tout ce qui a cessé, y compris le cahier lui-même). Et que pour le retour j'avais pu m'arranger avec un des chauffeurs qui faisaient la liaison avec la filiale française de Château-

Thierry, le voyage de Paris avec l'achat des Kafka c'était de cette usine de Château-Thierry maintenant chaque jeudi revue, et les camions de la maison mère allemande s'ils ont changé bien sûr ils sont toujours à quai quand on passe.

Vitry-le-François, détail image un, bandeau de bois en avancée sur poteaux, portail en arrière pour charge camions et deux portes à voûte brique arrondie, l'inscription mi-effacée le mot *parqueterie,* au fond autres toits en triangle symétriques et la masse blanche d'un double silo en avant d'une fumée en panache.

Vitry-le-François, détail image deux, cheminée brique très fine très haute et en avant sur la droite une construction de brique sous double avancée, de part et d'autre du bâtiment étroit, pour mettre à l'abri camions d'un côté wagons de l'autre, et trace symétrique de deux gouttières pour évacuation d'eau de pluie se rejoignant dans un angle inverse à celui des deux avancées mais disparues. En arrière, et venant s'appuyer sur la cheminée, bâtiment blanc sous couverture fibrociment ondulé, entre toit et mur sur toute la longueur partie étroite vitrée, bande horizontale rayée finement par armatures métalliques du verre probablement armé. Terrains vagues tout autour, et à l'arrière de la cheminée, comme le seul être vivant du tableau le cône inversé d'une trémie surmontée d'un disque noir comme d'un robot étrange.

Vitry-le-François, détail image trois, partie gauche bâtiment sans étage et portes de chargement neutres, parpaings avec habituel recouvrement par graffiti des bords de voie, s'accotant à bâtiment finissant perpendiculaire, double fronton symétrique quant au toit mais léger décrochement où s'incruste en avant le bâtiment plat, pour le fronton de droite construction traditionnelle sur armature métallique visible, fer en U se croisant définissant carrés et rectangles et parpaings montés là-dedans, deux portes grises métalliques à partie haute vitrée mais dont les vitres ont été peintes en blanc ou doublées après casse de contreplaqué repeint, entre les deux portes (non pas portes de chargement mais doubles portes format bureau), deux ouvertures dans le parpaing, rectangles horizontaux découpés par armature métallique avec vitres sur fond sombre, intérieur invisible opaque, et compter d'un voyage à l'autre sur l'ouverture du haut deux vitres cassées manquantes et trois sur celle du bas, vérifier d'un voyage l'autre que le nombre de vitres cassées (six horizontales sur quatre verticales puisque le train repart à cet endroit lentement de la gare, soit deux fois vingt-quatre vitres) reste bien le même pour tout cet hiver.

Vitry-le-François, détail image quatre, énigme et mystère : à cet instant découpe sur la vitre du compartiment de la clôture métallique à hauteur d'homme par enfilade oblique des piquets minces, par perspective remontant donc sur la gauche de l'image rectangle, puis étendue indéfinie non pas d'herbe, même s'il y a un peu d'herbe, non pas d'un sol aménagé, même si on reconnaît une ancienne piste centrale, mais en superposant l'attente et les voyages reconnaître sur l'étendue indéfinie suite de plots carrés environ quatre-vingt sur quatre-vingt, et traces de ciment menant de chaque plot au bâtiment tôle ondulée dessus tôle ondulée sur mur, le mur horizontal divisé en deux par sa moitié sur toute la longueur avec bardage bas et bardage haut (on dirait deux mètres quarante pour chaque bardage, dont un mur d'un peu plus de quatre mètres, et comptant la semaine suivante les espacements réguliers des portiques verticaux compter quarante-deux mètres pour la longueur), aucune porte, variations d'oxydation du bardage de tôle, moins oxydé pourtant que sur le toit à pente faible (on dirait portée globale en largeur seize mètres), pas de verrières sur le toit (imaginer dedans lampes jaunes suspendues à intervalles réguliers ou barres néon), sur partie antérieure couverture premier tiers toiture refaite il y a peu, couleur plus blanche des tôles, ce qu'on a cru d'abord suite de regards pour liquides stockés en fosses séparées peut-être huiles pour traitement thermique ou récupération d'huiles usagées, et qu'on a découvert au voyage suivant être simplement les inarrachables plots de béton pour les piliers réguliers d'un bâtiment démonté (c'est donc pour ça, hors les fissures dans un ancien sol de ciment maintenant invisible, que l'herbe a tant de mal à pousser, sauf par ces crêtes raides refaisant les alignements disparus), au fond deux pavillons jumeaux eux-mêmes faits chacun de deux maisons symétriques accolées, cheminées symétriques et balcons plus chambres symétriques sur sous-sols les mêmes, donc quatre.

Vitry-le-François, détail image cinq, c'est un des premiers bâtiments de la vieille zone industrielle qu'on traverse quand le train s'éloigne et lentement accélère, avoir remarqué que sur la partie antérieure de la couverture les bandes de couleur plus sombres sont des plaques ondulées translucides armées, donc quand même passage de lumière et bâtiment coupé en deux. Au coin vers la cour avant, côté pavillons, une porte sur rails, double porte en quatre parties métalliques avec sur partie droite basse découpe d'un portillon, sur l'étendue régulière ponctuée des trente-deux plots de ciment carrés, les herbes qui résistent de drôles de plantes montant haut, mais seulement sur lignes précises comme si ailleurs le sol mangé, stérile. Devant le bâtiment, côté des maisons, une entrée bitumée et un vrai sapin planté là tout seul comme si cela sauvait quelque chose.

Vitry-le-François, détail image six, sur flash, comme un mouvement tournant que la simple translation du train fait amorcer à l'ensemble du paysage et voilà que la totalité construite jaillit une seconde sur une seule diagonale plongeante, devant c'est de l'herbe en hiver, haute et rêche mais d'un jaune tirant au brun, puis suite de poteaux à grillage, hauts poteaux fer à dessus recourbé, puis suite de bâtiments, parce que la voie ferrée s'en rapproche, perpendiculaires à cette diagonale qui les organise, deux travées sous tôle ondulée, la première un peu plus étroite que la seconde et de moins de flèche, puis suite (recomptée semaine suivante) de sept triangles asymétriques fibrociment sur brique, puis façade toit plat bardage blanc puis cette fois en longueur et finissant la perspective oblique encore bâtiment parallélépipède parpaing passé à la chaux le seul avec suite régulière de fenêtres on dirait douze, et toit fibrociment avec deux rangées plaques translucides sous le ciel brillantes, enfin au niveau (dans l'image jaillissant sur diagonale) des triangles asymétriques à fronton de brique cinq autres triangles en arrière qui dépassent, plus hauts, parpaing clair mais à peine on voit la pointe qui passe, avec cheminée très haute et fine, cheminée que le ciel et la vitesse du train combinés semblent plier et, devant les deux frontons anciens tôle ondulée et les sept triangles de brique, mais plus basse que les deux bâtiments, une avancée d'un seul pan sur cloisonnements de briques ouverts côté grillages, trop sombre pour voir ce que cela recouvre, mais peut-être rien puisque jamais personne ni machine ni camion ni fumée : tout est mort de ce côté à Vitry-le-François, comme les tôles ondulées de l'avancée oxydées contre les deux frontons des premiers bâtiments dans une même harmonie noire et plus claires ensuite sous les triangles de briques pour soutenir l'avancée vide et abriter un quai de chargement où plus aucun camion ne vient charger, le train passe.

Vitry-le-François, détail image sept, une vraie rue mais comme perpendiculaire à la voie (le train donc gagnant lentement en vitesse depuis ses deux minutes d'arrêt, c'est encore un défilé comme d'objets qu'on vous tendrait progressivement sous les yeux puis retirerait), c'est la composition des masses qui aide à se souvenir de la combinaison des choses, à droite (côté est, donc, côté marche du train) encore ces bâtiments grimpés pour le travail comme on combinerait des boîtes d'allumettes, travées plates sur flèches à fer en U et les poteaux quadrillés de cornières en U aussi et les rectangles identiques ainsi définis remplis au parpaing avec aux quatre coins de grosses descentes pour l'évacuation des eaux, juste une porte coulissante sur rail à partie haute, un seul vantail métallique sur un sol de ciment écaillé aux plaques désagrégées.

Et que l'image quand elle surgit puis cesse impose avec elle un mot comme un emblème qui la résume ou la sépare de toutes les autres images, et que de ces mots aussi on peut faire générique :

Histoire — et soudain dans la forêt et la campagne ces deux guérites fortifiées près de la voie, en ovale très haut, avec les meurtrières dans le ciment, puis une troisième avant le pont, quand la voie rejoint le canal de l'Est à Lérouville, avant Commercy : c'est qu'on est grimpé plus au nord, et qu'on a frôlé la Meuse, l'histoire est venue là avec son ciment, a déposé comme une frontière en pointillé, on l'oublie de nouveau à Commercy.

Modernité — Tréfileurope, tout se passe dedans. Les camions sur le parking, les fenêtres sagement rangées en bleu sur les façades jaunes, à l'entrée des pancartes blanches avec lettres rouges, on déchiffre de loin, c'est sans ostentation et cela indique juste bâtiment IX, bâtiment XII, les châteaux d'eau sont bâtis tous sur le même modèle, peints du même bleu que celui des fenêtres.

Contournements — en arrivant à Vitry-le-François après Loisy-sur-Marne, contournement de la ville par le sud, et c'est la première fois qu'avant d'arriver au cimetière on a comme ce qui est ce qu'il rejette, entassements de plaques couvertes de mousse et des tuyaux de ciment en vrac, et de la terre en tas, et une cabane en ciment qui fait bureau. Un mur de palplanches avec portillon métallique sépare du cimetière, on a à peine vu cette enclave aux rejets (sur le fond si proche des grands immeubles roses), que c'est la suite des casiers aux urnes funéraires et ce qu'on voit ce jeudi-là c'est comment juste à l'arrière du mur de casiers, ceux-là pleins, ceux-là vides et sans fond, c'est le talus de la route avec en haut un mince grillage.

Successions — on réorganise lentement (mais il faut donc ce quinzième voyage) la succession des bâtiments industriels de la zone, que l'usine en forme de château ce serait (il y a encore ce matin un plein wagon de troncs d'arbres à couleur exotique, donc parler, quand on sera revenu, du port de Rezé près de Nantes par où ils transitent) les bois et placages, puis c'est le complexe de Sarreguemines Bâtiment qui enjambe le canal (de la Marne à la Saône) par une passerelle couverte aveugle marquée de l'emblème de l'usine, la lettre sur fond jaune avec bord noir, et puis les usines qu'on dit mortes et cette beauté triste que c'est, les bâtiments vides, ce matin ils paraissent si petits, pourquoi sinon parce qu'on a passé son dimanche sur deux paragraphes où on aurait voulu organiser la succession des images par leur détail, le pignon aux triangles, le grillage avec les plots de ciment comme un message à même le sol qu'il faudrait déchiffrer et aujourd'hui encore, à ce voyage encore, on n'y a pas réussi. L'appentis où ne vient plus de camions, et c'est le fond des entrepôts, et la fin de Vitry-le-François. Aux précédentes écritures on a ajouté peu, sinon cela, plus d'ordre dans les mots, où la beauté surgissait de cette profusion qu'on n'arrivait pas à surmonter. Reste ce mystère et qu'on aimerait y marcher et que ce ne sera pas possible, parmi les chaînes de fabrication, moulage et cuisson, puis emballage et stockage, des faïenceries industrielles de Sarreguemines d'où sortent les piles géométriques d'éviers colorés sous plastique transparent et comment sous plastique et relevant le nez de la phrase c'est déjà la zone rouge avec la suite des fermes en brique rouge et maisons de brique rouge et à toute allure la gare marquée Pargny-le-Saulx : on a passé sans la voir la briqueterie qui fait tout le paysage couleur de ce qu'elle cuit, absorbé qu'on était à noter les entrepôts aperçus. Passe l'usine qu'on appelle l'usine mystérieuse, à cheval sur le canal et qui tourne le dos, recluse sur l'eau morte et qui ne regarde rien (ce doit être Contresson).

Repères — Meuse Métal aussi c'est Révigny, et le nom du garage Citroën c'est Murer-Cudot (pourquoi, est-ce que les Citroën à cause du bandeau rouge sur bardage blanc se voient mieux, ou bien hasard qui d'Épernay à Toul par Révigny et Commercy les met à si peu de distance du train et de face, ou simplement parce que c'est soi-même qu'on reconnaît, qu'on reconstruit soi-même le paysage à partir de bornes intimes, avoir eu son enfance dans les garages Citroën), et Révigny le bar Outsider sur la rue perpendiculaire déserte (et tellement trop vite pour en saisir quoi que ce soit d'autre) et la maison étroite, la maison aux vingt-sept ouvertures sur façade, avant Bar-le-Duc le parking avec gravats où sont les gens du voyage, le Ford transit sans roues et le linge à sécher près de la caravane à porte noire, et les parpaings neufs de Gedimat Collot deux kilomètres après la gravière d'où on les extrait.

Noms — qu'entre Sarreguemines Bâtiment et les entrepôts vides de Vitry-le-François il y a l'abattoir puisque juste en amont côté campagne ce sont des stalles à bétail qu'on aperçoit, où les vaches sur pied attendent serrées dans des tubulures sous toit plat, tandis qu'à l'autre extrémité des camions Royal Canin repartent. Au supermarché du samedi, une fois rentré chez soi, on a été pour une fois dans l'allée tout entière réservée aux nourritures pour chiens, et les grands sacs de trois ou cinq kilos de choses croquantes et colorées, voilà comment ça se fabrique, directement depuis les vaches dans leurs stalles, via ces hangars bas et entremêlés. Les camions Royal Canin peuvent depuis Vitry-le-François Abattoirs livrer les supermarchés qui reprennent, loin du train mais proches des routes, leur litanie mièvrement colorée.

Attente — on se concentre, on voit venir Foug, on écarquille même les yeux (c'est Samuel Beckett qui invente de dire : *dire dans l'écarquillé* et on remue ça dans sa tête), et la maison du Dancing surgit avec son étage rajouté, parpaing gris au-dessus de la partie rose et en face l'hôtel tenu par M. L. Laurain (téléphone 104, c'est marqué dessous : en quelle année en a-t-on terminé des numéros en trois chiffres via opératrice, probablement il y a trente ans) puisqu'on a enfin réussi à lire, et on voudrait tant, dans la fraction de seconde que surgit et cesse la rue perpendiculaire, disposer d'autres signes que ces portes fermées, cette fois une mobylette s'éloigne, silhouette engoncée de cuir large avec un casque plus clair, de dos et dans cette fraction d'instant on dirait la mobylette et l'homme qui la surplombe (comme dans ces maquettes pour enfant où un socle de carton replié sert à coller les personnages sur le décor) arrêtés et immobiles, vitesse relative tellement moindre que non pas celle du train, mais celle du surgissement de la perspective droite, aussitôt mangée par le bâtiment de la gare de Foug où jamais on ne s'arrêtera, et que souligne pourtant la symétrie rose des lettres peintes, d'un côté l'inscription Dancing, de l'autre Hôtel de la Gare M. L. Laurain (à Foug, téléphone 104).

Reconnaissance — à l'arrêt de Toul, puisque dans le même wagon, encore donc devant la Pizzeria Restaurant Le Saint-Michel, aux volets d'un bleu presque pastel et à l'auvent de toile sur ce qui n'est pas une terrasse, aux fenêtres des rideaux à petites boules brillantes et au-dessus ce doit être le logement du patron. La rue trapue sur la droite monte raide à ce carrefour avec cabine téléphonique brillante, vide et grise et chaque semaine, au même endroit de l'encadrement de la vitre du compartiment, vient le panneau normalisé marqué Composition des Trains avec sur fond noir les petits wagons colorés jaunes première classe et verts les secondes selon l'heure de passage, et à mesure que le regard s'attarde sur la pizzeria fermée (c'est trop tôt), les taches pastel symétriques des volets et la rue en pente sans voiture, vient se surimposer comme la semaine précédente le coup de sifflet de l'homme à casquette sur le quai. On s'applique à regarder l'arrière du bâtiment sombre où l'inscription Bière de Tantonville s'efface, avec à l'intérieur un garage, une voiture sur pont élévateur ou une voiture capot levé et baladeuse jaune éclairant la mécanique invisible : dans la cour entre mur et voie ces carcasses de carrosseries, des blocs moteurs sur étang d'huile noire.

Arrivée — que Nancy étant une grande ville, la même profusion (à échelle seulement réduite) qui était celle de Paris à Meaux semble se refaire de Liverdun à Frouard et de Frouard à Champigneulles, on entre dans la ville par ses couches successives. On a suivi la

Meuse puis la Moselle et maintenant on a rejoint la Meurthe, il y a cette cabine pour la commande d'écluse, où le canal surplombe de très haut le fleuve, et la cabine le canal, personne derrière les vitres et jamais de bateau dans l'écluse, mais la cabine est vaste et blanche et étroite et longue prise entre l'eau et l'eau, et la surface dormante de l'écluse et la surface trouble de la Meurthe très large, et juste ensuite encore immense bâtiment vide et sans vitres, les graffiti sur les murs d'ancienne usine de bord de l'eau, l'usine qu'on ajoute à la liste des usines vides, des usines mortes. En face, la casse aux vieilles voitures et tous autres possibles empilements de ferrailles tirées de la ville, et entre le canal, passé soudainement de l'autre côté du train, quelques bonnes dizaines de jardins exigus à flanc de pente, à flanc d'eau, les terrasses pas plus larges que le pas d'homme bardées de tôles ondulées comme pour les multiplier encore, sans empêcher les abris à outils hérissés pas plus larges chacun que les râteaux ou bêches qu'ils enferment.

Décider cette fois en amont du voyage ce qu'il y aura à regarder et s'y tenir. Avoir préparé sur la carte Michelin 241 vendue 30 F gare de l'Est les marques au stylo de ce qui s'ordonne sur le mince et serpentant liséré noir de la ligne de chemin de fer, et savoir gérer l'attente, la posture, savoir comment l'image va se mettre en place et ce qu'il faudra alors y saisir, même si ici on en rend compte dans un ordre qui n'est pas celui des marques sur la carte, mais celui de la reprise des notes sur le bloc jaune à papier quadrillé qui a servi, sur les genoux, aux mots repères, voire à quelques croquis de disposition de masses. S'être d'ailleurs répété plusieurs fois dans la semaine, non pas à voix haute mais quand seul on pense au texte qui s'élabore, alors même qu'on n'y travaille pas, puisqu'on n'est pas dans le train : ce qui compte, c'est la disposition des masses. Ou bien : ce qui impressionne, dans l'encadrement de la vitre du compartiment, c'est la disposition des masses.

Donc, la sortie des deux tunnels de Foug, disposition des masses autour de la rue vide avec au premier plan l'inscription Dancing. Que le pignon peint en rose déjà décrit, avec son inscription, s'il comporte bien le nombre noté de fenêtres, les lettres N et C au milieu ont commencé de s'effacer et la partie grise au-dessus c'est du parpaing rabouté comme on l'a pu sur la pierre pour établir un toit neuf avec mansardes, ce n'est pas vrai donc qu'on y danse, ici, c'était peut-être en face au café de la Gare, le café de M. L. Laurain lui qui avait fait repeindre le pignon de la maison en vis-à-vis de la sienne sur la place de la gare à Foug.

Le café Laurain est au rez-de-chaussée dans l'angle, une porte à dessous de bois et encadrement rouge entre deux fenêtres hautes avec rideaux et même encadrement rouge, sur la rue successivement trois fenêtres puis une porte de service et le rez-de-chaussée de la maison peinte du même rose que le pignon marqué Dancing. Près de la porte entre les fenêtres du café de la Gare, la porte de bois plus cossue surplombée de l'inscription Hôtel, où donc on a dormi qui ressemblait autant ? On ne sait plus si c'était à Chinon, Cavaillon ou Huelgoat, un couloir qu'on voit peint en jaune plutôt sombre avec des agrandissements de cartes postales anciennes au mur, et le comptoir de bois ciré avec les clés de chambre accrochées chacune à un champignon de bois tourné portant numéro noir sur émail blanc. Au coin extérieur un poteau électrique surmonté du réverbère de l'éclairage municipal, la publicité lumineuse d'une marque de bière et la carotte rouge signalant les débits de tabac.

Devant la porte, une camionnette type pick-up de marque japonaise à carrosserie haute telle qu'il est de mode depuis quelques années que les artisans s'en équipent, et une motocyclette sur béquille dont les deux rétroviseurs brillent depuis le train, un homme avec blouson équipé sur le dos d'un signe presque fluorescent s'éloigne dans la rue encore une fois vide. Après le café il y a ce bâtiment à façade presque carrée et muette, la salle de danse était là peut-être à moins d'un cinéma, sinon quelques maisons dispersées d'habitation qui se resserrent plus loin, au bout, où est la ville qui laisse ainsi sa gare tout au bout de la rue, à l'écart.

On a aussi pris des notes à Toul cette fois devant l'image arrêtée où le train encore une fois vous a laissé, au mètre près (puisque dans le même compartiment du wagon divisé en deux par la partie colis, la locomotive seule avait changé puisque numérotée 15052 au lieu de 15 021 la semaine précédente, le numéro juste de l'autre côté de la porte à soufflet condamnée du wagon de tête). À Toul donc encore une fois dans l'encadrement de la fenêtre du compartiment le panneau de composition des trains, où on a le temps de relever qu'avant celui-ci il y a la série des trains de nuit dont les arrêts respectifs selon les jours de la semaine sont à

2 h 00, puis 3 h 13, 3 h 47 ou 3 h 49, les casernes de Toul justifiant peut-être, malgré ce qu'on sait de l'énorme perte d'effectifs en deux ans, d'un nombre d'arrêts supérieur à celui de Saint-Pierre-des-Corps, et que la ligne soit celle desservant ensuite l'Allemagne avec les noms qu'on vous dit au haut-parleur non pas dans ce train de 8 h 18 qui dessert Nancy puis Lunéville et Strasbourg, mais celui par exemple de 7 h 50 qui est direct, ne laisse rien apercevoir de tout cela qu'ici on détaille, mais continue jusqu'à Stuttgart et ensuite Munich, Salzbourg et Vienne (prononcé gare de l'Est *Wien Hauptbanhof*) et c'est dans sa langue qu'on remercie le serveur qui vous sert le café manière allemande, après 4 h 49 plus aucun train ne s'arrête à Toul avant le vôtre marqué 11 h 02, puis 15 h 49, 18 h 07, 19 h 09, 20 h 11 et 22 h 47, les wagons de première classe figurés par de petits rectangles jaunes sur roues, le wagon-bar en rouge et le demi-wagon des colis par une indication blanche en forme de valise, et le 11 h 02 avec le 20 h 11 les seuls à vous arrêter ici devant le restaurant pizzeria Saint-Michel aux volets comme la semaine dernière bleu pastel sous auvent un peu délavé mais rayures toujours blanches et rouges, à l'étage trois fenêtres dont celle de gauche aux rideaux qui s'arrêtent à mi-hauteur, sur le toit de tuile deux vasistas type Vélux, sur le coin extérieur de la maison la même enseigne de bière qu'au café Laurain de Foug et surmontée d'une enseigne demi arrondie avec indication Le Saint-Michel entourant plutôt bizarrement ce qui symbolise un cactus vert à trois branches asymétriques, devant les deux fenêtres et la porte une terrasse évidemment vide en hiver et prête cependant

pour tables et chaises de métal puisque les deux rebords de murs sont proprets et blancs avec implantation de fleurs, de ce côté de la rue c'est un soubassement de pierre grise surmonté d'une grille de fer à pointes en haut et laissée au minium qui empêche d'éventuels resquilleurs de passer sur la voie. La rue trapue à droite, deux voitures garées mais pas de piétons, ni plus haut personne dans la cabine téléphonique grise. La façade du Saint-Michel est exposée plein sud, il y a une tache ronde de soleil sur l'auvent à rayures blanches et rouges, le nom du propriétaire peint en lettres sur la porte au centre n'est pas d'ici lisible, mais avec ce soleil d'hiver on aperçoit à l'intérieur le bar correctement astiqué avec mises à l'envers sur verseurs la série des bouteilles, et les nappes papier à petits carreaux déjà mises sur les tables on en sentirait le toucher sous la main, dans une heure il sera midi et on servira le manger, peut-être pour ces hommes de chantier plus haut près de leur camion orange et d'une pelleteuse et le train s'ébranle de Toul comme à regret, cela toujours vide (ils sont aux cuisines ?) quand on guette malgré soi apparition d'un visage aux fenêtres (un cuisinier, la serveuse) pour ce qu'on voudrait son propre spectacle : l'éloignement quotidien du seul train de la matinée, celui de 11 h 02.

Toul avant l'arrêt, en soulevant du bloc jaune à rebours les pages, le grand parking devant L'Évasion, noté sur la carte et dont on a voulu se préparer à tout saisir, mais pas grand-chose, que ce parking à taille de terrain de sport entre barrières tubulaires de métal peintes en blanc, c'est qu'au samedi soir on doit le remplir, qu'à la nuit sans doute on ne voit rien, à Toul, de comment ici le jour est triste : même L'Évasion, derrière sa fresque, c'est un bâtiment à fermes portiques ordinaires, et parpaings en rectangles, de l'autre côté de la route (et donc eux aussi à vue de la prison d'Écrouves) c'est des pavillons années soixante-dix groupés autour de ces ronds-points en impasse par quoi on divise un champ en parcelles de quatre cents mètres carrés, et à droite même le bardage du supermarché est plus haut que celui de L'Évasion. Les deux voitures qu'on aperçoit garées en matinée et qu'on avait déjà remarquées la semaine passée, la Renault Espace gris métallisé on suppose donc que c'est celle du gérant, l'autre c'est une Renault blanche, les portes aux deux extrémités de l'ancien entrepôt sont deux symétriques rectangles de tôle, ça ne s'ouvre pas de l'extérieur et toujours on les voit fermées, le jeudi il n'y a pas de gros ménage ni d'aération à faire, de l'autre côté c'est une grosse barre inox qu'il suffit de pousser, la porte fait office d'issue de secours et c'est marqué juste au-dessus sur le plastique lumineux, un extincteur rouge de marque Sicli peut-être accroché, seule la porte au centre, sous un étroit bandeau vert, surplombée d'un auvent de tuile sur deux poteaux décoratifs, les néons doivent vous allumer ça comme il faut et qui se préoccuperait de venir ici en journée ? À droite ce mur de béton (palplanches fabriquées en série un peu plus en amont par Gedimat Collot) qui vient de la période antérieure du bâtiment, et la fresque qui le recouvre, qui laisserait supposer pour la discothèque une installation plus joyeuse, quand bien même il n'y aurait pas au-dessus du parking le passage de ces lignes triphasées quatre cents volts, s'amuser à Écrouves veut la nuit.

À la sortie de Révigny on s'est concentré sur cette maison de trois niveaux sur entresol, donc on a pu examiner au passage (disposition des masses) qu'elle était par volonté d'architecte divisée en trois blocs, celui de gauche une porte sans fenêtre adjacente au rez-de-chaussée, au premier étage deux fenêtres très rapprochées et deuxième un mince balcon avec grille fer forgé et une des fenêtres transformée en porte, tout cela volets clos. Au centre un bloc (le premier bloc séparé du second par un tuyau de descente d'eau, le second du troisième par un conduit de cheminée). La porte sur un léger perron symétrique sans rambarde et surmontée d'un minuscule auvent de verre dépoli, deux fenêtres adjacentes donc premier étage puis second chaque fois trois fenêtres sans balcon, cela sans doute divisé en trois appartements distincts puisque la porte elle-même et les deux fenêtres qui la surplombent n'ont pas de volets : un escalier dans la maison inhabitée ? Le troisième bloc celui de droite trois fenêtres sur façade plus une plus étroite à demi-étage dans le haut du pignon, l'absence de vraie séparation de la voie tendant à indiquer que la Société Nationale des Chemins de Fer en aurait été le propriétaire, et que désormais les familles de cheminots (si Révigny où si peu de trains s'arrêtent en loge encore) préfèrent se loger moins à l'étroit. Et tout près de la maison à gauche c'est un grand pylône à deux pieds plus traverse au sommet supportant les trois batteries verticales d'isolateurs indiquant une ligne vingt mille volts.

Brève fuite en arrière de la cimenterie, depuis la colline tout entière blanchie et même cette maison à l'écart de l'usine et son jardin et même le tennis un peu en arrière et son toit et sa terrasse, comme les arbres et l'herbe même. Et d'un blanc plus cru la falaise que l'usine ronge, et d'un coup sur la vitre non pas comme un objet qui grossirait alors occupant toute la surface de la vitre par tuyaux et trémies, l'énorme tubulure de métal soudé, diamètre de quatre mètres environ, tourne sur elle-même lentement, saisie dans des manchons géants, qu'il y a en pente inverse pour quel circuit de concassage et de brûlage la section carrée d'un tapis roulant, et par-derrière au-dessus des fours encore les tubes repliés en courbe de la récupération des poussières ou des fumées, et le tapis roulant, et les cheminées et toutes parties hautes on peut y accéder par échelles, escaliers et passerelles, le chemin des matières doublé donc par ces jambes de fer étroites, pentes croisées des translations de matières, concasseurs, broyeurs ou fours, de grands tambours surmontés de rambardes (stockages du plâtre ou de la chaux) et cet ultime tapis roulant se détachant seul et fin dans le ciel pour tomber dans l'étrange parallélépipède de tôle ondulée sur trémie, le bâtiment surélevé des bureaux, on gare les véhicules dessous, les vitres sont à l'étage en surplomb, mais tamisées de cette poussière blanche obsessive et collante, sauf sur la pile de bidons rouges de deux cents litres, comme seul point de couleur tranchant dans l'univers blanc.

Comme par une saignée, devant soi offert tout ce dont la ville est faite.

Qu'à Épernay ce qui est triste, avant qu'on retrouve la Marne, c'est que le champ de fer en vrac qu'on traverse, plus haut que le train, est fait de ce dans quoi soi-même on est remorqué : wagons au rebut, déjà sans vitres, et d'autres qu'on a traînés ici de la banlieue de grande ville et l'un sur l'autre entassés, avec les graffitis et les fresques, et le toit déjà parti, les sièges démontés, carcasses qu'on découpe en tronçons avant de recharger sur d'autres wagons cette fois plats (ils sont là, ils attendent à la file par paquets de cinq sur les aiguillages parallèles), et pyramide enfin, noire de bas en haut sous le ciel gris du lever de jour, c'est les essieux (il faudrait chiffrer cinq cents, mille, la montagne est haute comme quatre étages, avec ces formes rondes retrouvant en fin de vie leur brut de fonderie quand elles échappent à l'entassement pour hérisser l'empilement sinon régulier, entremêlé).

Sur le plan qu'on tient sur ses genoux, la carte au vingt-cinq millième de Vitry-le-François, ce qui fait un pays et qu'on ne saurait pas, à cette seule traversée, comme si pourtant les noms à eux seuls expliquaient aussi quelque chose du grand cimetière sous les immeubles roses, avec la décharge qui le précède et les casiers pour incinérations, avant les suites de boxes des garages gris, l'arrêt, puis le long défilé des usines, la route qui passe au-dessus du train après la faïencerie, et la perspective sur l'arrière de l'abattoir géant, les noms qui sont :

Couvrot, Entre-Deux-Voies, Poste au gaz Les Épinottes, cité du Champ-de-Manœuvre, La Planchotte, Les Marvis, La Noue-Bailly, Le Parc, Bas-Village, La Citadelle, Le Mont-Vierge, Rome, Le Désert, La Halte-aux-Loups, Les Indes, Saint-Charles, Le Sentrot, le mont Berjon, Le Balossier, Les Longues-Raies, La Moutotte, Le Champ-Margot, Frignicourt, Le Ru-Autier, La Fosse-Grelon, Les Vordelottes et La Voie-aux-Larrons.

Comme les indications liées aux fonctions et non plus au lieu, de celles qui peuvent même s'abréger souvent :

Usine, scierie, gazoduc, gravières, atelier, dépôt médical, silo, poste électrique, gymnase, caserne, collège, salle des fêtes, camping, station d'épuration nord, station d'épuration sud, poste gaz, fabrique, abattoir, hôpital, et encore collège, et encore silo, et encore usine, puis stade, château d'eau, piscine, transformateur (juste f), puis encore école (juste *ec*), lycée (en entier), et *gend* pour gendarmerie, et *rvoirs* pour réservoirs, puis parcours de santé sur fond vert près du canal au lieu-dit Le Porcelot.

Tout cela donc qui fait d'une ville son armature mais ne permet pas d'en rien connaître, on suit le dessin précis de la ligne de chemin de fer, elle contourne en boucle la ville par le sud, altitude 104 mètres c'est le nombre peint sur la façade à Foug du café de M. L. Laurain signalant son téléphone, on pourrait du train connaître une ville si elle se rassemblait toute au long de la voie, cela doit exister dans les contrées lointaines ou ce qu'on en imagine, au bout du monde ou dans les déserts, ici chez nous il faudrait une sorte de plongée en spirale, qui comme ça frôlerait les bords depuis les usines, l'hôpital et le cimetière pour ronger lentement vers le centre comme à Meaux tout à l'heure en contrebas de la gare on voyait cette rue s'en allant droit à la vieille cathédrale. Si curieux le plan de Vitry-le-François centre-ville divisé comme La Roche-sur-Yon quatre sections carrées définissant donc elles-mêmes un carré parfait, une des médianes donnant droit sur l'hôtel de ville (à La Roche-sur-Yon aussi), et la topographie non plus du fer mais des eaux :

Le Cavé partagé entre Vieilles Eaux et Entre-Deux-Eaux, et la Guénelle, la Marne toujours là et son *Canal latéral à la Marne*, celui dit *Canal de la Marne à la Saône* et *Canal de la Marne au Rhin* (c'est en s'ajoutant que les deux derniers forment le premier) traversant la Marne par-dessus, une écluse qu'on aimerait voir et que le train ne condescend pas à dévoiler, puis la Saulx et son affluent la Chée, plus la Villotte, les Régales, la Bruxenelle ou le ruisseau des Granges.

Et que finissant de noter dans le carnet cette liste surgisse dans l'encadrement du compartiment la partie fleurie du cimetière précisément de Vitry-le-François sous les taches roses des immeubles, et qu'en se concentrant on peut, rapidement, le front sur la vitre froide, avoir confirmation que l'irrégularité qu'on avait déjà constatée à l'empilement des alvéoles de ciment nu pour les cendres tenait à ce que simplement il s'agit de formes posées par blocs de quatre ou six les unes sur les autres sans adjonction de ciment, comme un enfant poserait des cubes, et qui viendrait les basculer prendrait le risque de tout faire tomber.

C'est un jour de pluie et la lumière ne lève pas, tout ce qu'on reconnaît est là comme couché faisant gros dos, les chemins de bord de champs comme hésitant à disparaître dans les flaques qui se rejoignent, la glaise plus glaise et les sillons autant de lignes parallèles plus lumineuses que n'importe quoi d'autre, le ciel même. Et les maisons toutes comme mortes, rien aux fenêtres, ce matin on n'aère pas, les garages sont clos derrière leurs portes, et plus vides même les parkings des supermarchés malgré les réverbères encore allumés, et ce violet sombre du bitume où les quelques voitures se refléteraient presque. Qui est donc rentré au café Le Champ de Mars, ils sont trois véhicules garés et derrière les vitres en plein jour c'est éclairé, il doit faire noir quand même. La même enseigne de bière que partout, trois vitrines carrées dont l'une indique en grosses lettres Restaurant, à droite la partie pompes à essence, mais sommaire, juste trois distributeurs sous un mince auvent qui ne protège qu'eux, si les lumières dans le café laissent penser que dedans il fait si noir c'est parce qu'il s'agit de lampes collées contre la vitrine, entre les rideaux qui pendent, et sur le parking trois bacs à arbustes définissant un rectangle protégé des voitures, espace vide pour terrasse aléatoire, les deux des véhicules des clients l'ont contournée pour venir se plaquer le museau jusqu'aux vitres. À gauche le cube où doit loger le patron, d'ailleurs à l'étage les volets roulants sont fermés, on a bien regardé, et c'était la même chose la semaine précédente, on a eu le temps de fixer en soi ce qu'on avait décidé de vérifier, donc trois fenêtres au premier étage à volets roulants clos, au rez-de-chaussée, où s'emboîte le bar, deux pièces sans volets mais ça doit être la salle du restaurant, et tout en haut avec une sorte de galerie de ciment, six portes minces peut-être prévues au départ pour faire motel mais rien n'indique que l'établissement loue des chambres. Derrière, une usine. Sur le parking, et sur le mur même du bâtiment cubique (où l'architecte avait prévu un pignon de fausses pierres apparentes, et donc cela a dû lui faire plaisir) un panneau réclame pour l'Intermarché s'intitulant Fains nord (noté deux semaines plus tôt), magasin lui-même se déclinant en Bricomarché (bricolage), Vêtimarché (vêtements) et Stationmarché (entretien véhicules) sur le panneau sur pied devant les pompes à essence, le propriétaire ou gérant du café du Champ de Mars à Fains dressant donc sur son propre parking réclame pour un concurrent quant à la distribution d'essence (ses propres prix de distribution, gazole, super et super sans plomb étant affichés sur fond jaune au pied même de la réclame).

Temps que désormais on sépare du reste de sa vie, qu'on commence le jeudi à 8 h 18 et qu'on cesse à 11 h 22, et qu'on recommence au même endroit, selon la même translation, la semaine suivante à la même heure. Et puis la contamination où on est, peu à peu, l'espace mental que prend la fabrication du texte débordant sur les heures de la semaine, parce que d'abord une fois, après recopié le carnet, on a pris tout un dimanche matin à relire et corriger ou préciser, pris la carte pour localiser ce qu'on a insuffisamment vu, ce sur quoi il faut s'acharner à mieux voir. Et puis, dans la tête, cette persistance rétinienne, justement, pouvoir convoquer comme de la traîner avec soi dans le cartable l'image précise d'un pylône, de la cimenterie, la rue entre le Dancing et le café restaurant Laurain à Foug téléphone 104. Alors, justement parce qu'à Nancy, où on descend, on reste, on travaille deux jours, on repart le lendemain, la vitre du train noire comme un rideau, comme la preuve que tout tient au jeudi matin, voilà que quelqu'un vous dit être allé la veille en voiture à Pagny, et pour rire on lui fait la description des usines, avant de s'enquérir de pourquoi, lui Gérard ou Alain était là-bas : c'est que son gendre y habite, parce que sa femme travaille à Vitry-le-François, et lui le gendre dans la même chaîne d'hypermarché mais ici à Nancy, et que donc ils habitent au milieu, et font la route tous les jours. On dit que ça fait tellement de kilomètres, et Gérard ou Alain s'étonne, parle de sa petite Peugeot diesel : cela va si vite, c'est si proche, à peine si on sort du département. La route va tout droit, quand le train zigzague et s'arrête. Ces mondes qui surgissent comme autant de bulles séparées par la campagne morne (forêts, broussailles, champs labourés, routes vides et poteaux EDF), la voiture les ignore. La vitesse même du train est trompeuse, qui éloigne ce qui est tout près.

Et dans le vrac maintenant d'images chaque fois vues et qu'on n'a pas retenues pour en écrire, à trois reprises les grandes scieries des premières forêts de l'est, déposées près du canal ou du fleuve, et comme elles offrent sous abri de tôles rectangulaires à plat l'étendue régulière de leurs stockages cubiques. Cette densité ici de l'eau sur la terre, comme cela s'entremêle, l'emprise solide à peine surnageant et la maison mince ici au rendez-vous de la très vieille écluse tâchant à régir le partage.

Enfin, tout ce temps qu'on roule, beauté du monde orange des villes dans la nuit mal défaite, la masse si pesante de toutes choses de ciment autour de ceux qui y vivent, et dont le train indique la trace sans qu'eux-mêmes se montrent (une fenêtre ouverte sur une pièce vide).

S'interroger sur cela qui survit, traces et beauté pourquoi ça vous prend, et d'autant plus que s'arrêter ou fixer est impossible.

On a cherché, ces cinq mois, dans combien de librairies et même sur place à Nancy *L'Autre Rive* les livres qui comporteraient des images de cela, des images de l'histoire des villes, des images de l'histoire des usines et des images de l'histoire des eaux, les canaux, les écluses, les métiers. Il n'y a rien. Cela apparemment n'intéresse pas la mémoire collective. On ne fait pas un livre avec des images d'écluses, d'aiguillages fortifiés, de tréfileries au temps roi de l'acier, et encore moins de livres avec cet arrière des villes, par quoi presque elles se laissent caresser et avouent, laissent percer par quoi, quelle que soit leur taille, c'est encore affaire de vie en bras de chemise, de linge qu'on met à sécher et de fauteuils plastiques qu'on arrange dans une cour, affaire de nains de jardin sur les pelouses bombées des pavillons années soixante-dix au bord des chefs-lieux de canton que le train rogne même s'il n'y a plus de gare.

Les photographies on en a fait quelques-unes, pour mémoire, pour vérifier le texte après coup, trois fois pas plus, avec un appareil jetable format quinze vues Panorama acheté soixante-trois francs le mercredi au même endroit, Auchan Tours-Nord, ramené le samedi matin à la même galerie commerciale dite Petite Arche à Tours-Nord où pour cent quinze francs, cinquante minutes plus tard, on vous remet les quinze photographies développées, la toute petite hésitation du commerçant comme s'il se demandait si vous allez accepter de payer, peut-être parce que vous aurez été déçu de cela qui vous est rendu, à cause des reflets de vitres (le train), à cause des bougés (le train) et sans doute puisque sur aucune des quinze photographies un seul personnage visible, rien que cela : paysage fer, mais c'est bien ce qu'on voulait, et que sur les quarante qu'on a serrées dans une grosse enveloppe on retrouve Tréfileurope et Sarreguemines Bâtiment, la rue vide qui s'en va vers Scrupt, le café Laurain à Foug et la cimenterie à Sorcy qui monte plus haut que le ciel, les jardins ouvriers et le dancing L'Évasion à Toul, ou plus tôt cette énigmatique usine au bord du canal et l'entrecroisement des voies d'eau, et que ce qu'on a écrit, on le vérifie ainsi, a bien fondement dans le paysage des hommes.

La carte postale qu'un jour comme ça on a trouvée et payée cinq francs, un de ces marchands de trottoirs qui les classent par département, on avait regardé 51, 54, 55, et rien à Nancy ni Frouard qui vous intéresse, ni écluse ni usine, ça ne retenait pas l'œil des photographes autant que les portes monumentales des villes ou ce qui symbolisait progrès et voyage, puisque les cartes postales de gare chaque ville avait les siennes, de Liverdun une carte postale intitulée : *Le vieux moulin*, où l'emplacement de la conserverie avec ses bâtiments en triangle et ses cours compliquées était vierge, elle-même donc un fantôme puisque au-dessus c'étaient bien les mêmes vieilles maisons anciennes qui penchaient déjà sur leur rebord (et au voyage suivant, comprendre, mais seulement maintenant, pourquoi le bistrot en face la porte de l'usine s'appelle toujours Le Vieux Moulin quand on ne voit plus d'eau ni de rivière, tout avalé par les bâtiments jaunes de la conserverie, ses cours et ses camions, les hautes cuves inox et les entremêlements de conduites). Et à Sorcy rien sur les fours à chaux, à Commercy rien sur les tréfileries, à Vitry-le-François à peine une *Sortie des ouvriers de l'usine* avec casquettes et musettes, sur fond de première guerre, et c'est à l'ordre alphabétique de Foug que pourtant on avait été récompensé : la même photographie dans l'axe qu'on avait faite soi, avec à gauche le bâtiment dont le pignon porte désormais Dancing, il n'a que deux étages au lieu de trois, mais c'est bien les mêmes fenêtres (c'était aussi un café restaurant, mais sans hôtel), et à droite le café restaurant hôtel avec lettres peintes sur le pignon, mais ce n'est pas le même nom et il n'y a pas de téléphone, à droite on ne distingue pas le nom du propriétaire à cause des feuillages, à gauche le café restaurant ce n'est pas encore Laurain, mais Maljean, la carte postale s'intitule *Le passage à niveau*, pour la photo (on suppose, sur son pied avec le tissu noir, l'appareil à chambre et gros objectif à déclencheur sur fil) on a fermé la barrière, et des gens sont là, trois femmes, deux hommes et sept gosses, les femmes avec châles et fichus, les hommes en casquette, les gosses en pèlerine. À gauche, la cabane du garde-barrière, en planches, étroite, avec des inscriptions officielles. C'est une barrière qu'on roule, avec sur le côté un petit portillon pour les piétons. La route n'est pas goudronnée. Derrière, il y a les maisons. Ce sont les mêmes qu'aujourd'hui. Encore plus que dans les autres cartes postales vues, puis reposées, cette impression qu'on vit dans nos propres ombres, que ce dans quoi on vit existait, aussi étroit, déjà présent, de chaque côté des mêmes routes, il y a quatre-vingt-dix ans. Alors eux, les gosses et les trois femmes, partis où ? Regardent-ils encore, quand on passe, silhouettes en noir dans leurs pèlerines et leurs châles, debout au long de la barrière, quand nous on regarde encore une fois la rue vide en perspective entre les deux bars-restaurants, celui qui survit et celui qui s'est éteint ?

Et si un jeudi le hasard fait que c'est de Lyon (parti à 6h50) pour rejoindre Nancy presque à la même heure, que vous partez, par Châlon-sur-Saône, Dijon, Is-sur-Tille, Culmont Chalindrey (sous Langres qu'à cause de sa butte on évite, où sont comme à Vitry-le-François d'impressionnantes usines vivantes même endormies) et rejoignant bien en amont la Meuse qu'on voit grossir (par Levécourt, Hâcourt, Bourmont, Gonaincourt et Harréville-les-Danseurs), arrêt à Neuf-Château avant qu'à Toul, qu'on n'avait pas reconnue, on soit soudain en face de la pizzeria Saint-Michel, même une voie plus loin sur la gauche, on découvre combien le regard en cinq mois de jeudis continus a changé, décrypte plus vite la double accolade de deux pavillons jumeaux eux-mêmes assemblant des maisons jumelles, une ocre et l'autre rose, ou bien la simple accolade mais vorace de bâtiments d'usines serrés sur leur première greffe, des tas de palettes en fond de cour aux pyramides de matière et mêmes quais de chargement sur voie ferrée déserte, s'interroger sur cette fascination même que voir depuis le train provoque, par les effets de compression et de vitesse, par cette illusion surtout d'un monde dont on est le provisoire voyeur d'une intimité par l'arrière offerte, surgirait simplement le vieux rêve d'une proximité de la représentation mentale aux choses, proximité peut-être amplifiée par le fait même que cesse si vite le rapport visuel qu'on en a, qu'il faut retenir, qu'on a vu si peu le détail mais qu'on a été aspiré soi dans cette envie de mieux voir, envie de retenir, et le prodigieux sentiment d'évidence à quoi atteint ce monde qui ne vous demande rien, vous laisse si tôt repartir.

Et qu'en littérature c'est ce sentiment aussi qu'on sait reconnaître et que si souvent on cherche pour lui-même, loin des œuvres de fiction, dans ces œuvres plus immobiles qui paraissent, à toute époque, des promenades dans cette épaisseur de choses reconstruites (*Nuits d'octobre* de Nerval) et comment les images s'y assemblent, la liste qu'on pourrait faire des lieux singuliers où passe Julien Gracq dans sa *Presqu'île* ou ses *Eaux étroites* ou les maisons étranges et d'abord toujours vides qui peuplent avant ceux qui les habitent *La Recherche de l'absolu*, *Béatrix* ou *Honorine*, pour s'en tenir aux maisons qu'on préfère dans Balzac.

Et immédiatement, mais c'est peut-être aussi à cause de cette maison sur le canal en élévation, cette maison d'éclusier, le vieil amour qu'on a pour Simenon dans son ensemble, et la répétition obstinée des Maigret en particulier. Une immobilité de ce qu'on voit préludant chaque fois à la bribe du récit qui y revient, la magie que la phrase s'y saisisse d'une pluie ou d'une odeur, qu'un paragraphe prenne le temps d'une déambulation d'une pièce à une autre, avec le rideau à la fenêtre et la poignée qui tient mal, ou au long d'une rue toute bordée d'intérieurs. Que cette immobilité est celle même de celui que suit le livre, presque dans son dos, ou bien, si on le voit de face (il est dit de Maigret qu'il a les yeux globuleux), que cessent le paysage et les choses : on aime chez Simenon cette dégustation du monde, par quoi chaque objet qu'on en sépare, à partir d'une nappe et d'une odeur de cuisine, d'une rue selon ses heures et d'habitudes qui s'érigent en univers, avec une couleur et une saison, éloigne de soi toute idée qu'il pourrait en être autrement, et la parfaite connivence, si parfaite qu'elle s'annule, de la phrase qui le nomme avec l'objet dont on ne doute pas qu'il existe de cette façon, à cet endroit.

Cette fois que parti en plein après-midi on avait manqué le rapide, et comme c'est vendredi on se retrouve dans un train dont on ne savait pas qu'il était réservé aux permissionnaires, long sermon du contrôleur mais sans insister parce que peut-être cette compréhension certaine qu'il a affaire à un habitué du trajet, insistant sur le fait que le train, affrété par l'armée, ne garantit pas l'horaire d'arrivée, passe après les autres, et qu'en cas d'accident il ne saurait y avoir d'indemnisation, et ce train d'un modèle déclassé, soudain cette masse qui vous revient, les sensations d'il y a vingt ans, rapport différent des surfaces vitrées au volume intérieur, les sièges plus bas, la salle donc plus grande et laissant passer toute cette lumière orange d'une fin d'après-midi d'hiver, et ce train qui roulait si peu vite, à demi vide, et s'arrêtant dans toutes villes de caserne, laissant percevoir mais à rebours, la grande et hiératique maison blanche, la cimenterie dans le ciel, l'univers rouge de la briqueterie, la scierie aux empilements géométriques et le café Laurain à Foug, comme si tranquillement cette fois, pour un adieu, on vous laissait tout voir, éclairé à contresens et comme vous-même dans une surluminosité provisoire (avoir compris cette fois-là, même s'il y aurait d'autres trajets par le 8 h 18, que l'inventaire qu'on en recommence encore sur le carnet noir doit cesser, que c'est fini, qu'il n'y a plus qu'à réviser, mettre en ordre, peigner, donner le relief et la peau).

Et la maison sur l'écluse ce soir-là était cela, si à tel passage on vérifie que la longue tige de fonte recourbée au bout en poignée ovale, qui sert à tirer la porte une fois atteint l'équilibre des eaux, est bien là dans l'herbe, à attendre, comme soi-même à Damvix on allait à la rencontre des bateaux pour se saisir de la tige et, la porte de l'écluse, à chaque passage la tirer. À la semaine suivante on vérifie la présence des crémaillères par quoi, une fois porte aval et porte amont fermées, on ouvre d'un côté ou de l'autre les vannes en planche de bois bitumée par quoi le courant égalisera le niveau, et que le raclement de chaîne sur la planche du bateau, comme le raclement de la même chaîne sur la pierre taillée du bord, on en percevrait depuis le train le tintement, et qu'on vérifie encore la trace de terre nue dans l'herbe par quoi on passe au long de l'écluse d'une porte à l'autre, et l'escalier de pierre à dessous immergé par quoi on peut descendre du bateau et l'amarrer, niveau bas ou niveau haut, et qu'encore on sentirait dans ses mains, puisque les écluses sont partout les mêmes, comme à Damvix encore en enfance la rambarde par quoi on passe d'un bord à l'autre bord sur l'étroite planche de la porte. Enfin, la disposition même de la maison, avec les deux pièces et la porte au rez-de-chaussée ouvrant côté canal et, parce que le canal est surélevé, l'autre face de la maison, sur la route de campagne, à l'entresol. Et les fenêtres ouvertes sur les chambres à l'étage, et plus loin, derrière les haies de la route, les bâtiments industriels dont l'arrière a rogné jusqu'ici. Simenon aurait précisé ce qu'on y mangeait le midi et la couleur des nappes et le bruit de pendule, on ne le fera pas, mais les livres qu'on a lus, parce qu'ils nous ont raconté de tels intérieurs, nous aident à regarder celui-ci non pas comme fragment stérile de réel mais cette imbrication, jusqu'à l'herbe, l'eau et même l'air au linge qui sèche un peu en arrière, dans l'enclos grillagé séparé avec cabane qui est forcément le jardin potager de la maison, de la chose humaine et des choses tout court.

On rêve encore du temps arrêté de Maigret le massif, qui n'agit pas mais se pose, et la répétition de livre en livre des mêmes motifs par le même bureau et les mêmes noms de l'autre côté de la cloison, Lucas, Janvier, Lapointe, pour ne rien faire d'autre que cela, ne pas bouger, laisser passer dans le livre la répétition immobile des choses par quoi elles nous fascinent, et ce qui avait déséquilibré le réel se remet forcément en place, renvoyant Maigret à la possible reprise du cycle.

On a refermé le carnet. Dans le monde qu'on observe, depuis la fenêtre du train, le jeudi 8 h 18 (et quand l'écluse paraît il est environ 11 heures), on n'a jamais constaté la présence d'un bateau qui demanderait passage, supposerait le mouvement des portes, de soulever la tige de fer, et de comprendre peut-être, parce qu'il y a cela qu'il faut faire, un peu de son destin propre par la force qu'ont les choses. Elles manifestent encore leur imbrication au travail de l'homme, il y a le bord droit de la rivière dans son berceau de pierre, il y a la tige de fonte abandonnée dans l'herbe. Les usines mortes qu'on a vues plus tôt avaient fonction de les forger, elles et ses pareilles, les tiges, treuils, rambardes et manivelles. L'eau demeure, et le linge. Quelque chose s'est séparé. On en est encore, chaque jeudi, le témoin. La nouvelle ligne de train, enfin plus rapide, bientôt passera droit, il n'y aura plus que deux gares et quelques parkings. On sera nous-mêmes dispensés de constater l'abandon.

On ne regardera même plus, peut-être, aux vitres du train.

Chez le même éditeur

FRANÇOISE ASSO
   Déliement
   Reprises
PIERRE BERGOUNIOUX
   Le Grand Sylvain
   Le Matin des origines
   Le Chevron
   La Ligne
FRANÇOIS BON
   Temps machine
   L'Enterrement
   C'était toute une vie
   Prison
JOË BOUSQUET
   D'un regard l'autre
   Papillon de neige
GÉVA CABAN
   La Mort nue
ESTHER COTELLE
   La Prostitution de Margot
DIDIER DAENINCKX
   Cannibale
   Les Figurants
   Main courante
   Autres lieux
   La Repentie
EMMANUEL DARLEY
   Un gâchis
JÉRÔME D'ASTIER
   Les Jours perdus
MICHÈLE DESBORDES
   L'Habituée
   La Demande
PIERRE DUMAYET
   Le Parloir
   La Maison vide
   La vie est un village
   La Nonchalance
   Brossard et moi
EUGÈNE DURIF
   Une manière noire

MICHAËL GLUCK
   Partition blanche
GIL JOUANARD
   Le Jour et l'Heure
   C'est la vie
   Le Goût des choses
   Plutôt que d'en pleurer
ALAIN LERCHER
   Les Fantômes d'Oradour
   Le Dos
   Prison du temps
HUGO MARSAN
   Le Corps du soldat
   Le Balcon d'Angelo
JEAN-YVES MASSON
   L'Isolement
PIERRE MICHON
   Vie de Joseph Roulin
   Maîtres et Serviteurs
   La Grande Beune
   Le Roi du bois
   Trois auteurs
   Mythologies d'hiver
PIERRE MERTENS
   Les Chutes centrales
JACQUES RÉDA
   La Sauvette
JEAN-JACQUES SALGON
   07 et autres récits
DOMINIQUE SAMPIERO
   Lumière du deuil
   Le Dragon et la Ramure
MICHEL SÉONNET
   Que dirai-je aux enfants
   de la nuit?
   La Tour sarrasine
BERNARD SIMEONE
   Acqua fondata
GUY WALTER
   Un jour en moins

Imprimerie des Presses Universitaires de France
73, avenue Ronsard, 41100 Vendôme
Imprimé en France
pour Verdier Editeur
Décembre 1999 — N° 47 010